おしゃれの手引き115

JUNICHI NAKAHARA

中原淳一

興陽館

おしゃれの手引き

115

美しくあることに、決して臆することはありません。
それはあなたの誇りです。

まえがき――おしゃれのヒント集

「おしゃれなひと」という言葉を使うとき、私たちはどんなひとを思い浮かべているのでしょう。洒落た着こなし？　こだわりのあるファッションセンス？　素敵な住まいや暮らし方？

ふだん、何気なく使っている「おしゃれ」という言葉は、どんな意味を持っているのでしょう。

その答えが、ここに集められた中原淳一の言葉の中にあります。

まえがき

本書は、昭和二十年代に始まる中原淳一の雑誌『それいゆ』『ひまわり』『ジュニアそれいゆ』の中の文章を、「おしゃれ」というキーワードで集め直してみたものです。

自分をよく見ること、自分を知ることが大切、と語る中原淳一は、ファッションだけでなく、暮らしの隅々まで、心の中にまで暖かな視線を届かせて、私たちに「考える」きっかけを与えてくれます。

本書から、あなた自身の「おしゃれ」のヒントをみつけてくださったら幸せです。

あなたが「おしゃれなひと」になる方法

「おしゃれなひと」とは、どんなひとでしょう？

それは美しくありたいと思う心が、ことさらに強いひとのことです。

それでは、おしゃれなひとというのは、みんながみんなひとの心を魅くような、美しくなれる効果を知っているのでしょうか。

いいえ、美しくありたいと言っていくらお金をかけても、チグハグなものを身につけていたのでは苦心して飾ったことばかりが目立ってかえっておかしいし、上手に扱ってこそ、本当に効果をあげることができるというものです。

上手におしゃれをするひとは、どんなにお金がかけられなくても、それなりの中で他人の心をハッとひくような効果が見せられるかもしれません。

どんなにお金がかけられなくても、上手に美しい効果を見せられるひとは、やはり天才かもしれません。しかし、天才が努力しないよりも、むしろ天才でないひとが、どうしたら本当に美しくなれるかを研究する方が、かえって天才を凌ぐことも多いのです。

ところで、あなたは「おしゃれ」の天才でしょうか、それとも、どうしたら素晴らしいセンスを身につけられるかと努力するタイプでしょうか。そのどちらにしても、あなたが上手におしゃれをして、ひとの心をたのしくさせるようなひとになって欲しいと思います。

おしゃれの手引き115／中原淳一／目次

1 身だしなみのおしゃれ 21

4

服のおしゃれ　43

5 和服のおしゃれ 65

6 色のおしゃれ 75

12 雑貨のおしゃれ 139

15 言葉のおしゃれ 173

16

心のおしゃれ 185

各章扉、各項目の見出しは編集部で作成しました。

1

身だしなみのおしゃれ

美しさの基本は清潔感とすっきりした着こなし。
華やかに着飾って出かける前に、
もう一度自分の姿を鏡にうつして、
身だしなみを整えましょう。

1　美しさはひとへの心づかい

誰だって美しくなりたいと思わないひとはないでしょう。

美しくなるということは、他のひとたちに、美しいと認めてもらうことだと思ってはいけません。美しいものをみた時には、皆、こころよい気持ちになります。

自分が美しくなるというのは、皆の気持ちをよくさせること、つまり、自分のみにくい所を、ひとにみせて不愉快にさせてはいけないという心づかいです。

1　身だしなみのおしゃれ

姿勢

2 ショー・ウィンドーにうつる自分をみる

あなたがどんなに素晴らしい服を着ていても、姿勢が悪かったり、歩き方が悪かったりしたら、何にもなりません。

いつも背をすっとのばして、美しい歩き方をしましょう。

姿勢や歩き方をよくするための、一番簡単な方法は、いつも街を歩く時に、ショー・ウィンドーにうつる自分を、気をつけてみることです。そして〝手をふりすぎるな〟〝背がまがってるな〟と思う度に直すのです。

こうして美しい姿勢と歩き方をいつも心がけましょう。

3 身だしなみは快く感じられること

着飾るだけでなく

着飾ったりお化粧したりする事を忘れていても、身だしなみだけは忘れてはいけません。身だしなみの目的は、自分を一番美しい少女だと、人に見てもらおうという事だけではなく、自分のみにくい所を補って、自分の姿がいつも他人に快く感じられるように、ということなのです。

もし人間の皆が、身だしなみを忘れてしまったら、私たちは美しい快い姿というものにふれないで過ごさなければならなくなってしまうのです。

4　流行は自分で感じるもの

流行、とはその字のように流れて行っているものですから、ひとときも止まってはいないのです。

だから現在流行しているものでも、来年はもう新鮮さを失なっているであろうし、三年先には流行おくれの古くさい感じで――これのどこがよかったのか、と見なおすようなものであり、十年先には滑稽にさえ感じられるのだから全くおかしなものです。

流行、は読んだり教えられたりするだけで知るものではなくて、自分で感じて着るものです。

5　理知的な女らしさを

理知的ということと女らしいことを、一緒にならないもののように考えているひとはいないでしょうか。

勉強をよくするひとは着るものにはあまりかまっている時間がないということもあり、また勉強のことばかり考えているようなひとは性格も地味な場合が多くて、着るものにもそれが出るのかもしれません。そしてそれはそれでいいのです。

しかし、美しいものを、その時その時の雰囲気に合わせて上手に着こなしたり、きちんと装うことを理知的でないという考え方をするのはやめたいものです。

女のひとのやさしさや思いやりや細かい神経は、理知とは別々のところにあるのではないのです。ですから、スーツを着た方がやわらかいワンピースを着るよりずっと理知的だというような、表面に出た形から入る理知はおかしなことですし、また不自然ともいえます。

地味なものを着ようが、派手なものを着ようが、理知はそのドレスの下から自然ににじんでくるでしょう。

特に賢い女であるからといって、意識して賢い感じがするものばかりを着ようとするのは、そのひとの理知が見せかけなものに過ぎないことを語っているようでわびしいものです。

賢い理知的な女のひとが、花のように美しく、いつも女らしさを匂わせていることこそ、本当に素晴らしいことといえましょう。

6　まずは清潔であること

まず清潔であることです。美しさのもっとも尊いものは清潔です。どんな美しいものでも、美しい姿でも、不潔であったら台なしです。

美しさというものは、いつも心の美しさを伴うものですが、不潔なものをつけていたのでは人々にその心のよさをみてもらえないものですから。

7 あなた自身を鏡にうつす

鏡

家を出る時、ちゃんと身仕度をしていいつもりで出かけて来たのに、街を歩いていて、ふっとショー・ウィンドーにうつる自分を見て、何となく変だと思うことはありませんか？

ちゃんとして出て来たはずなんだから、そんな変なわけはない。今のは見間違いじゃなかったかナなどと思って、またどこかのショー・ウィンドーや鏡にうつる自分をみると、やっぱり変で駄目だと思う。

そうなると、どうしても今日の自分は変なんだということは動かせないことになり、それでは一体どこが変なのかしらと良く見ると、たとえば、それはその日かぶっている帽子とドレスとのそぐいが悪いからだということに気がつきます。

家を出る時、ドレスも帽子も同じ茶色なのだから、これでいいと頭の中で考えて、帽子をかぶって鏡でうつして見たつもりだし、ドレスもいちおう鏡で見て出てきたのに、一体どうしてこんな結果になったのでしょう。とにかく後で変だと気がついてみても、どうすることも出来ません。

いまさら家へ帰って着がえるわけにはいかないし、帽子を脱いでみてもハンドバッグへ入れることも出来ないし、その日一日いやな気持ちでいなければなりません。

出かける時は、全身を鏡にうつして、どこもおかしくないか、よく確かめてから出かけたいものですね。

2

手のおしゃれ

美しい手は素敵な女性のあかし。
マニキュアやアクセサリーなどで飾らなくても、
ちょっとした心づかいでおしゃれ感を演出できます。

8　手入れのゆきとどいた手を心がける

美しい手のひとを見て、はっとした様な経験は、誰にでも何度かあるのではないだろうか。

白魚の様な指、紅色のマニキュア、荒い仕事は何ひとつしたことのない様なやわらかな手、形のよい長い指――そんな手はたしかに美しいのだけれど、それよりも、まず清潔で、手入れのゆきとどいた手こそ、その「ハッ」とひとの心をうつ手だと言えるのではないだろうか。

「美」と感じることの多くは、結局清潔だということにつきてしまうものだとすると、何でもまず最初に清潔でなければならないのだということにもなってしまう。それは手だけではない、すべてのものに言えることだが――「美しい

手」はまずよく洗うことにはじまる。

炊事や洗濯をしていれば、それは自然に手を洗っていることになるけれど、一日に何度でもよい。思いついた時にはいつでも石鹸でよく洗うことだ。

爪の間から、指先の指紋の間まで、少しの汚れもない清潔な手は「ハッ」とする手であり、その手はよく洗うことによって創られる。

爪を紅く染めたり、キラキラと輝く指輪で手を飾るより先に、手を洗うことを生活の習慣にしてしまわなければいけない。

手が清潔である時は心まですがすがしく明るいものだ。

9　毎日、爪を切る

爪を切ることも毎日の日課にしたいものだ。

形よく長く伸ばした爪ならばさほどでもないが、キチンと短く切った爪ならば毎日切る方がよい。

切ったその日の爪の長さが一番よい状態であるのなら、翌日はそれより少しでも伸びているのだからまたその日も切る方がよいという事になるだろう。

爪が伸びていなければ爪の間に黒い垢がたまる事もない訳だし、不潔な爪の手に指輪など飾っているのも不快であり滑稽である。

10 指輪はひとつだけ飾る

指輪

例外をのぞいて、指輪はひとつだけ飾るのがいい。両手に四つも五つも指輪をするのは、手を宝石箱と間違えている様に見える。

キラキラと光るものあり、赤い珠あり、真珠あり、黒ダイヤや緑の石も——というのでは、私はこれだけ持っています、と見せびらかしている様で滑稽なばかりか、お互いにその美しさを殺し合うものだ。

指輪もアクセサリーの一つであるのだから、出来ればドレスとの調和を考えて、両手に一つときめたい。

11 手の位置に気をつける

手のポーズ

ちょっとした手の位置や指さしのポーズで、そのひとの感じが全く違ったものになってしまう。

それだけに手の表情というものは大切なものだが、あまり気にかけすぎて、妙に気どったのはどうも感心出来ない。

軽いものをちょっと持ったりした時に、小指をピンと上げるのは、もう習慣の様になっているひともよく見かけるものだが、素直さがなくてキザであまり見よいものではない様に思うが——。

3

顔のおしゃれ

メイクアップやヘアスタイルで、
あなたなりのチャーミング、
魅力を引き出しましょう。

12 つけまつげで違う自分を楽しむ

女性の美しさが、目にポイントをおいている様な傾向にあり、美しい目はそのチャーミングポイントになる。

目の美しさを強調するために、長いまつげが尊ばれる様になる。そうなると、つけまつげというものが考えられて、それをつけたら目のあたりにかげができて一層美しくなるというわけである。

日曜日のつれづれなどに化粧の後でつけてみて、自分の顔がどんなになるかを楽しんでみるのも愉しい。

髪型

13 自分の髪型をみつける

面長の方は横の髪をふくらませる。丸顔のひとは前髪をぐっと上げて額を広く見せ、その前髪をなるべく高く上げるようにまとめる。あごのしゃくれたひとは――。おでこの広いひとには――。ほお骨の出たひとは――。目の小さいひとは――。くちびるの厚すぎる方には――。首の短いひとは――等々。

婦人雑誌は顔や体の欠点をおぎなうための記事を、手を替え品を替えてみせていますが、あれにあんまり頼らない方が、かえってあなたを美しくする結果になるでしょう。だれでも美しくなりたいのはいうまでもないこと。その弱点をついたようなものがあの記事であって、顔が丸いとか、長いとかいっても決して同じではないはず。丸いといってもパッと華やかな顔もあれば、しょんぼりと寂しい顔もあるし、長い顔といっても額ばかり広くて長くなった顔もあれば、あごの方が長くて面長になった場合もあるのに、だれもが同じ方法でいい結果がみられるものとは限りません。

毎朝鏡に向かっているのですから、自分の顔の欠点は自分が一番よく知っているはずで、案外あなたは毎日一番似合う髪型にまとめているのではないでしょうか。もしそうでないとしたら、それはそんな雑誌の記事にまどわされていたかもしれないのです。

4 服のおしゃれ

おしゃれの決め手は、なんといっても服装。
雨の日のときの服、お出かけのときの服、
それぞれの場面で、
さらに魅力的なあなたを楽しみましょう。

14 雨の日にあうおしゃれをする

レインコート

梅雨の季節は憂鬱なものと思われていますが、どんよりとくもって、むし暑いこの季節に「ああいやだ、いやだ」と思って暮らしたら、あなたの若い日の何日かが損をすることになるのです。

それで雨の日は雨の日でなければできないようなおしゃれをする。それも雨の日を明るい心で暮らす一つの方法です。

ところで、あなたはカサを買うときに、あなたのもっているレインコートのことを考えてから買ったことがあるでしょうか。もちろんレインコートなしの、カサだけで外出するひともありましょうが、まあ、カサにはレインコートがつきものですから、その二つが不調和な感じだったらせっかくの雨の日のおしゃれもだいなしです。

もしあなたのレインコートが、真っ白で、カサがエンジ色の紋織のようなものだったら、その白いコートもさほどきわだった美しさを見せないでしょうが、黄色の無地や、赤い無地、または黒と白とのシマのものでも、あるいは真っ黒でも、それはあなたの好みで何でもいいのですが、とにかく、カサがあなたのレインコートをぐんと引き立てるようなものを選んでください。

そして、もう一つ、雨グッの色も、コートにそろえるか、カサの色にそろえるかする。――それが雨の日のおしゃれのポイントです。

15 お出かけは服をそろえて

男性と女性の着るものの調和ということは洋服の場合でも、和服の場合でもいえることだが、和服よりも洋服のほうが調和、不調和ということがはっきりと現れてくる。それは値段の高低ではなくて、その洋服の持っている性格が決めるものであるから、たとえ安物であってもよそゆきになったり、高価なものでもふだん着になるということは常にありうることである。

冬なら、男のひとが紺や黒のダブルボタンの背広姿でいるのに、お連れの女のひとはというとセーター・スタイルであったり、夏などに薄もののしゃれたカクテルドレスを着た奥様と、これまた仕立おろしとはいえ、ワイシャツ姿で腕まくりのご主人とが連れ立って観劇に来ていたら、何とおかしなことだろう。

男のひとの夏姿は、ワイシャツでどこへでも通るとはいうものの、女のひとがオーガンジィの裾の開いたパーティドレスなどを着ている場合は、いくらとびきり上等のワイシャツでも一緒に歩くのはおことわりしたい。

これと逆の場合、冬に男のひとが黒のダブルボタンの背広服をきちんと着ているのに、一緒にいる女のひとが、くだけたセーターを着ているなどということは、前と同じ例である。

男性も女性も、一人一人別に見れば、それぞれの美しさを持ったスタイルであるのに、二人が並んで歩いている時には、それらが全く滑稽に見えてしまう。偶然にばったり町角で会ったのならまだしも、二人で一緒に出かける時には、二人の服装の性格をそろえてみたいものだ。

16 何を着るかは相手のことを考える

シャツスタイルも、セーター・スタイルも共に一番くだけた形のもので、家庭でくつろいだり、家の近所を散歩するときの典型的なスタイルと言えよう。夏なら簡単なブラウスにスカート姿や、男のひとのワイシャツ姿にも通ずるものである。現在では、女のひとがこのままの姿で通勤することもほぼ常識化されてはいるが、男のひとの場合には、シャツやセーター・スタイルでオフィスに出ることはむずかしい。むしろ休みの日のピクニックとか、散歩、スポーツ見物くらいの感じであろう。

女のひとともこれらのスタイルで外出する場合、あまりフォーマルなハンドバッグとかドレッシイな靴とかを身につけることは当然避けるべきことであろう。

セーターやウールのシャツスタイルの味は、春さきの散歩などのときに、伸び伸びとして一番愉しく着られるものだが、男のひとが中折帽子をかぶっていたとしたら、本当におかしなものである。

一組の男性と女性とが並べられたとき、二人の着ているものの感じが揃っていれば不自然には見えないが、二人の服装がちぐはぐなときは、一方のひとが相手のひとのことも考えずに夢中になって飾りたてたという感じになったり、また片方のひとがひどく場所がらをわきまえない服装のように見えておかしなものである。

たとえば、あなたが新しいシャツやセーターを買ったとき、何となく早く着てみたくて、およばれなどにセーター・スタイルで出席したとしたら、また滑稽である。たとえそれが高価なものであっても。

17 スカート丈をそろえる

スカート丈

あなたは、スカートをはいた場合、一寸鏡の前に立ってみることを忘れないでください。あなたのスカート丈は、きちんとそろっているでしょうか。不ぞろいにはなっていないでしょうか。

スカートの裾はいつもきちんとして真直な線を持っていたいものです。もし不ぞろいでしたら、直ぐ裾へムを解いて直してください。きちんとしたスカートをはくことを、もう常識のように、考えていてほしいと思います。

4 服のおしゃれ

18 服の美しさは衿元で決まる

衿元

服の美しさは、衿元の美しさに左右されるものだと思いますから、もうどうにも工夫が出来ない、という様な服でも、真白な、美しいカラーをつけることによって、また別の新しい感じでみることが出来るのではないかと思います。

衿あきのゆるいワンピースや、ジャケットやスーツの衿元から毛糸のセーターの衿がのぞいているのは、まるでその衿元がそのドレスのポイントであるかの様にチャーミングなものです。

それから、半袖の服の下からセーターの袖が出ているのや、グレイのジャケットの衿元と袖口から赤い毛糸がのぞいているのなどはなかなか美しいものです。

半ぱな残り毛糸があったら、三十センチ位の長さの袖と、肩から、首にかけての、つまり衿だけのものを編んでおいて——これはいくつも編んでおいて、その日によってどれにしようかと迷ってみるのも愉しいのではないでしょうか。

一着のスーツやジャケットでも、七つのそんな衿と袖とを持っていて、一週間を毎日取りかえたとしたら、その日その日を新鮮な心で迎える事が出来てどんなに愉しいことだろう。

19 ストールを羽織る

ストールを羽織ってみよう。ストールといえば、真四角のや長いのや形は自由だが、いずれにしても布地のままかけるものだからそこに流れ出る線は、やわらかくて女らしい。

ストールは何気なくかけていても自然に流れ出るやわらかい線が思いがけない美しさを作るし、いろいろと羽織り方を変えてみて、その時々の異なった雰囲気や美しさを生み出すことが出来るなど、茶羽織のように作られたものでは味わうことの出来ない楽しさがある。

ストールはどんな洋服にでも、その扱いを工夫すればよく似合う。オーバーを着るときには、長いまま頭に巻いてオーバーの下へ入れてしまってもいいし、頭に巻いた片方を肩から後へはねて着ていてもいい。

冬の暖かい日に、家庭で日向ぼっこをしながら編物をしたり、本を読んだりするときに羽織っているのもこころよいものだ。

身につけるものには限らないのだが、どんなに美しいものでも、使って不便では何にもならないし、また、どんなに便利なものでも美しさがないものは人に好かれない。

ストールの様に簡単なもので、美しく、しかも重宝なもの、こんなところから私たちの生活が豊かで彩りある、そして楽しいものになっていくのではないだろうか。

20 タイトスカートを美しくはく

ライン

タイトスカートを美しくはいている人は少ない。

タイトスカートの美しさというものは、ウエストからヒップまでが体にピッタリとついて、そのヒップを軽く巻いた布が真直に裾まで下りているのでなければならない。

ウエストのベルトのあたりに妙なたるみや無理なしわのあるものや、ヒップから下がスッキリとした線をえがかないで、まるで袋に物を入れた様にゆるくてだぶだぶしたものや、自分のヒップの位置よりスカートのヒップの位置が下りすぎたり上がっていたりするのも無恰好である。

美しいタイトスカートを作る時にまず最初に気をつけなければならないことはウエストのあたり、つまりスカートの上端部のカットに気をつけることだ。

上のカーブがつきすぎていたり、少なすぎたり、タックの位置が悪かったりするとそれが裾にまでひびいてスカート全体が無恰好なものになってしまう。これは仮縫いの時に特に注意して、このあたりの形をしっかりととのえること。それから、ベルトをつける場合に、そのベルトの巾があなたにちょうどいいかどうかをよく考えてみること。

インサイドベルトの巾を、いつの場合にもそれがベルトの巾だと考えないで半分に切るなり三分の一に切るなり、自由に好みの巾に切るものだと考える。あまり背の高くない人は巾をせまくする方がすっきりと美しい場合が多いのだということを忘れない様に。

それからベルトには必ずしっかりと固い芯を入れる様に。

21 服は工夫して新しく

夏の洋服

段々夏が近づいてそろそろ夏にきるものの用意をしなくてはならない頃になりました。それで、これからは夏の洋服に対して色々と楽しい夢やプランを持たれて、支度をなさるのではないかと思います。

一度、あなたの周囲を見回してみましょう。

もう使えなくなったと思っているものを、また違った角度から新しく見直して適当に工夫したら、また新しい感じに着る事が出来るのではないでしょうか。

22 自分のからだに合った服を着る

仕立て

新しく洋服を作る時には〝どんな布地にしようかしら〟〝スカートはギャザーとフレヤーとどっちがいいかしら〟〝衿はうんと広くしようかしら〟というろいろ頭をひねるでしょう。

けれど頭をひねってデザインにこるよりも、ごく簡単な何でもない型でも、あなたのからだにあった、美しい仕立てをすること、そして、それを清潔に着ていることが一番大切です。

アイロンがけ

23 アイロンがかかった服を着る

同じ洋服でも、アイロンのキチンとかかったのとかからないのとでは、大変な違いです。仕立てあげたばかり、洗濯したばかりで、ちょっと見たらそんなにしわにもなってないので、そのまま着てしまうこともあるでしょうが、アイロンをかけたらその美しさは倍になります。

しわになりやすい布地は、すわったりする時、無神経にスカートを押えて、グサッとすわらないこと。そうして長い間すわっていると、立った時、後ろがつまみあげたようにしわになって、とてもお行儀の悪い感じです。

24 ボタンに気配りする

ボタン

混雑した電車やバスで、ボタンがもぎとられてしまっても、一つ位なら一向不便でないので、気にしないでそのままにしている人をみかけますが、絶対にそれはやめてください。

その日の内に必ずつけておきましょう。

ボタンのない服は見苦しいばかりでなく、その人がだらしなくみえます。

洋服をぬいだり着たりする時に、どこかがあいていなければ困ります。そのあきをとめるためについているのがボタンです。

けれどもボタンは立派な装飾になっています。

25 模様合わせをして洋服を作る

模様合わせ

縞や格子で洋服を作る時には、前あきのある場合の左右や袖つけは、縞が揃うようにしたいものです。布の裁ち都合ばかり考えて、模様をうっかり忘れることがあります。

どうしても布のたりない時は仕方がありませんが、余裕があるなら必ず全部揃えましょう。

また、カラーなどの左右の模様が揃っていないのは非常に見苦しいものですから、どうしても左右が揃わない時は、後ではいでも、揃わせるようにしましょう。

コーディネイト

26 模様のあるブラウスには無地のスカートを

ブラウスに模様がある時は、スカートは必ず無地にしましょう。もしスカートに柄があるのでしたら、必ずブラウスは無地にしましょう。どんなに目立たない模様でも、両方に模様があるのは、お互いに引き立たないばかりでなく、よせあつめのような感じではずかしくなります。

スカートは、なるべく単純な形をえらぶ方が、どんなブラウスにも似合いますが、スカートにいろいろ工夫をしますと、それにあうブラウスしか着られなくなって、不便です。

5

和服のおしゃれ

少しかまえてしまいがちな和服の装い。
小物使いやモダン&カジュアルな着こなしで、
着物の魅力をもっと楽しみましょう。

組み合わせ

27 きものは自由に着る

日本のきものは何かの形で残しておきたいものだと思う。

スポーツのときはもちろん、通勤や通学には機能的なデザインの洋服を選んでいても、さて晴着や訪問着ということになると、午後の服とか、カクテルドレス、イヴニングドレスなどは、日本の生活様式にそぐわないばかりか、そんなものを着る機会が年に何回もないということを考えると、流行の移りかわりのある洋服で晴着を持つというのは、あまり合理的でないという考え方にもなる。もちろん洋服で持っているのが悪いというのではないけれども、和服で持っていると、たとえ一年に一度か二度しか着なくても、永く着られるという意味で、決してムダでないことになる。

和服の特色は、年令によってデザインがかわらないこと、時代によって型がかわってゆかないということにある。かわっていたのは、年令によって色や柄がちがうということと着付けの方法がちがうということだけだったが、今ではそれも、年令が若ければ派手にというのでなく、目にうったえる感じに重点をおくようになってきている。

昔ならば年寄りの様な地味なきものを、帯とぞうりの色だけかえ、あとは着付けによって、各年代の感じを分けて着る。

こうして、一枚のきもので十代から五十代、いやもっとそのさきまで、一生通して着ることができるとしたら、こんなにも自由に着られるものだというきもののよさがもうひとつ発見できないだろうか。

28 和服はいつでも新鮮

きもの

日本人は洋服も着れば和服も着ようという便利な国民だからそれぞれのもっているよさを研究してそれを上手に生かしていけば、実に合理的な衣服計画がたてられるはずです。

それはちょうど、今の日本の家には日本間と洋間が半々になっている住まいが多くて、それが合理的に現代の日本の生活にとけ込んでいるのと同じことです。

人間はいつでも、誰でも、新鮮なものをもとめている。どんなに美しいものでも、そればかりを見ているのではあきあきしてしまうものです。洋服に次々と流行が変ってゆくのはそのためで、一つのものにあきては次のものを求めてゆく人間の気持ちが「流行」をつくってゆくのです。しかし和服にはそれほど流行の波がないのです。

それはどうした訳かというと、和服の習慣は今すぐ必要だというのではなくても、手頃なものや好きな柄のものが見つかった時に、それを作っておくので箪笥の中にはいつの間にかいっぱいのきものが出来る。

その中から今着たいと思うものを取かえ引かえ出して着ては、その時々に流行のものを着る様な新鮮な気持ちになるのです。

29 紐で布の流れを楽しむ

着つけの妙

洋服というものは一枚の布を色々に工夫をして断裁をし、体の凹凸がすっぽりと入る様な形に縫ってあるものだが、和服はぴったりとたたむ、つまり箪笥のひき出しの中にしまうのに都合がよい様に仕立ててあるので、それをそのまま着たのではのれんでもひっかけた様にぶかぶかのもの。それを何本かの紐で形をととのえるのです。

つまり何本かの紐で着物を形づけてはしめてゆき、その布の流れを楽しむのが和服である。それが「着つけ」と呼ばれているが和服はその「着つけ」で、その和服姿を美しく見せるかどうかを区別される。つまりいい着つけによればその人の美しさもぐんとますというもの。だから昔からわざわざ着つけの本職を頼んだものだった。

着つけのコツ

30 無駄なしわをなくす

とに角全体に無駄なしわのよらないように全部直線の感じに着たいのです。紐をしめながら無駄なしわのないようにぴったりと体に布地がそうように着てください。ちょっと時間のゆっくりした時に鏡に向かって色々研究してみるのです。

帯から下はタイトスカートをはいたように腰にぴったりと、上半身は仕立のよいスーツでも着たようにきっちりと。

色合わせ

31 洋服を着るように和服を着る

これからの和服は洋服を着る気持ちと少しも変わらぬ気持ちで着たいのです。洋装で幾色もがごっちゃになってはおかしいのと同じです。

そうなるとどうしても色のことをもっと考えなくてはならないのですが、考えようによってはとても簡単なことで、洋装と同じだと考えたらいいのです。

たとえば、紺の無地のきものを作って、それにワインカラーと黄色の縞の帯を作ったとすると、草履を買う時には黄色にして、帯あげはワインカラーかピンクだけれどそれは見せない。

32 和服のよさを味わう

小物

帯と草履を黒の無地ということにきめておいて、着物の方を自由に何色でも選ぶ様に考えるのもいいかも知れないし、組み合わせを上手に考えたら帯二本に着物三枚くらいもっていたら、それで色々に楽しんで十年以上も着られるよさを和服はもっている。

33

とりあわせを楽しむ

小物を揃える目のつけどころ

ところで今度もう一度きものを作ろうという時には、まず今まで持っている帯とか草履とかバッグのことを考えるのです。

ワインカラーと黄色の縞の帯に黄色の草履をもっているのだから、濃茶の地に黄色の小さな絣模様はどうだろうかという風に、持物を買う時も着物を作る時も、そうしたつながりを考えて、色々楽しむのがいい。

6

色のおしゃれ

あなたは「色」をどのように組み合わせていますか。
それぞれの「色」の特徴を理解することで、
おしゃれのバリエーションはひろがります。
本章では中原淳一のセンスが光る、
「色のおしゃれ」をご紹介します。

34

あなた自身の色を決める

自分

着るものと持つものの色が統一されていなければ美しく見えないのだから、色を上手に身につけていくにはどうしても自分の色を持っていた方がいいということになります。それで自分の色を茶色なら茶色ときめてしまいます。

何枚着ても皆茶色ではつまらないと思うかもしれませんが、茶色にも黒に近い焦茶もあれば非常に薄い茶色もあるので単調にはなりません。

またアクセサリーを黄色、ピンク、黒、赤、グリーンと茶に合う色で揃えれば、どの服にも合うし、色ごとに違った味になり、一色一色を楽しむことが出来ますから単調にはなりません。

それでも単調だと思ったらもう一つ自分の色を作ります。その色は茶色によく合う色で、同時に茶色に合わせたアクセサリーにも合う色を選びます。茶色のために揃えたアクセサリーは全部グレイに合います。また、茶色とグレイの上下を組み合わせてもいいのですし、茶色のために揃えたブラウスはグレイと合わせて美しいものです。

言葉の上で茶色とグレイというと単調なようでも、焦茶に真赤なブラウスを着れば赤を楽しめるし、グレイに黄色をあしらえば黄色も楽しめて、色々な色を楽しむ喜びを味わえます。

35 色は上手に美しく扱う

「色名帖」という色の種類を見せる本を見ていると、何百種という沢山の色の数があります。そしてそれをもっとよく見ていると、その中に入っていない色がまだまだ沢山あるということを感じます。

そうすると色というものは一体どのくらいの数があるのだろうか、全く想像のつかないほど多いのだと思います。そして、その色を一つ一つ見ていると、どれ一つとして悪い色はなく、みんないい色ばかりです。ふつうよく「いい色」とか「悪い色」とか言いますが、色名帖を見ていると、いい色とか、悪い色とかいうものはないということがわかりました。

色を美しく感じたり、美しくなく感じたりするのは結局はその色の扱い方によります。だから、着るものの場合には、二色を使うなり色をあしらうなり、その色の分量によって美しかったり、配色で美しく見えたりするのです。例えば濁った、沈んだ色の上に明るい朱色を置いてみると、朱の色も朱だけで見るよりも美しく見え、お互いに引き立て合って、その両方の美しさが生かされるものです。

だから、その色自体が気にいらない生地で洋服を作らなければならない様な時には、どんな風に扱ったらその色を生かして使えるかを考える必要があります。

36 色の調和を大事にする

調和

色を統一して美しく見せるには生地を買う時、洋服を作る時に計画がなければならないし、そうでないと一着ドレスを作るたびにアクセサリーを買い整えねばなりません。買い揃えることが出来ないと結局ありあわせのものですませるようになり、せっかく新調しても百パーセントに美しさを楽しむことが出来ません。だから、ゆめゆめ生地屋の棚に列んでいる生地で一番目立った色を選んだり、ショー・ウィンドーの中で一番心ひかれたハンドバッグを買ってしまったりしてはいけません。気に入ったものも調和がとれなければ何にもならないのですから。

例えば赤という色をとってみると、同じ赤といっても色々な色があります。その色一つだけみると確かにそれは赤だけれども、よく見ると、黄ばんだ朱に近い赤、エンジかかった赤、茶味をおびた赤、黒ずんだ赤と色々な種類があります。ふつうはそれらを赤だと考えていて、黒いコートに赤いベレーと赤いバッグをと思っても、その赤の種類が同じ系統の色ならいいけれども、違う系統の赤——朱とエンジだったりしては、揃えた効果がなくなるだけでなく、揃えているだけに余計おかしくなります。これは赤以外のどんな色にも言えることです。

黒いコートに帽子も手袋もスカーフもバッグも靴も赤と、服以外のものを全部一色で統一してしまうのは、勿論全部揃っていないよりはいいのですが少し嫌味です。出来ればスカーフは赤で帽子は赤か黒のどちらでも、手袋が黒でバッグは赤というように揃えた方がいいのです。そして、そこまで揃えたのに靴だけ茶色では調和がとれません。もし黒い靴がなくて、茶色の靴をはくのなら、帽子は茶で黒のリボン、手袋も茶色に揃えて、スカーフとバッグを赤にするといったように、調和のとれた色を二点位ずつ揃えてみるとか、そんなふうに考えてください。

37 黒は引き立たせる色

黒

黒は何色を合わせても、相手の色をグッと引き立たせる役目をする。そして、黒に合わない色はないといってもよい。ただ例外として濃紺と濃紫があげられる。

黒と白の美しさにもう一色明るい黄色を添えた場合、この一色によって黒と白だけの冷たさがグッと柔らげられて、思いがけない美しさを見せる。

美しい色の扱いというものは、例外を除いて三色より多く使わない方がよい。

38　赤は強烈で華やかな色

赤

赤は最も強烈な色であって、この色は誰が着ても女性の最も華やかな面を見る様な気持ちである。

39

茶色は秋を演出する色

茶色

茶色は秋の色。茶色の服を見ると急に秋の来たことを知るような気持ちだ。ピンクや若草色のように春を象徴するような色でさえも茶色と組み合わせてみると、急に秋めいた印象になって一緒に茶色の中に溶け込んでしまう。茶色に組み合わせたくない色は、水色、紺などで、組み合わせる色は何色にしても青味を帯びていなくて、茶味を帯びていることが条件。

40 緑は一番暖かい色

緑

緑という色は真夏に着てはいけないし、また春には同じ緑でも若草色の方が季節の美しさを多く感じる。緑が一番美しく見えるのは秋か冬で、それも深い濃緑色か少し茶ばんだ濃い緑がいい。

それは緑という色が一番暖かさを感じさせる色だから、人間が季節に対して持つ感情から暑苦しい夏は勿論、うららかな春にも美しさを感じないのだろう。

緑に鮮やかな朱や紅色を組み合わせると、緑のもつ温かな美しさがもっと強められてより華やかに目にうつって美しいもの。

41 グレイは溶け込む色

グレイ

グレイもまた何色でも合う色です。どうしてかというと、グレイは他の色に合うというよりはむしろ、他の色とサッと溶け合う色なのです。

例えば、グレイに赤をもっていくと、グレイの中に赤を感じて溶け合って見えます。黄色を合わせるとグレイの中に黄色をふくませて見せます。紫とグレイとを組み合わせてみると、グレイの色の中に紫がひそんでいるかのように思われて両方の色が溶け合うのです。つまり、色々な色をまぜ合わせて薄くしたのがグレイなのです。だから何色をもって来ても調和し、相手の色と溶けあってやわらかい雰囲気を見せるのです。

一番何色にも合って、またその色をあしらうことで変化を見せる色は黒とグレイの二色だといえます。黒という色は、何色を合わせてもその相手を引き立てる役をします。だから黒をもってくると、相手の色が、その色一つだけをみるときよりも、冴々として美しく見えます。

また同時に、どんなに明るい色でも、黒に合わせると、黒がその色をひきしめてしっくりと見せます。黒に合わせて一番お互いに引き立て合う色は、華やかな明るい色です。

いいかえると、黒は、明るい色であればあるほど引き立てる役目を多く果たす色なのです。

42 自分の家族の色を決める

お家の人に何の色の感じというのがありませんか？

例えば、お父さんがブルウ、お母さんがエンジ、お兄さんが黄色、お姉さんがグリーン、妹さんがピンクといった様に……。色タオルが売ってますから、これから買うのならそうしたいものです。

いま使っているタオルがある訳ですから、まずこれを工夫しましょう。青い線などが入っていて既に区別のつくものはそのままにして、白い何もないのには色のバイヤステープでパイピングをしたり、色の木綿でイニシャルのアップリケをしたりし、色別に家中のみんなのタオルを作ってください。

7

花のおしゃれ

心和む一輪の花も、
女性なら贈られてうれしいゴージャスな花束も、
中原淳一ならではのおしゃれ心で。

43 カーネーションの花束を楽しむ

カーネーションの一束を作る場合、例えば、一色で揃えた方が、色とりどりのものを集めるより美しいものです。またカーネーションの様に細い先に花のついた様なものの時は、短かく切って、丸い花束にしても美しいものです。根元を切り揃え、海綿または脱脂綿に水を含ませてくるみ、銀紙でくるみますと少し時間がたってもそのままにしておく事が出来ます。

リボン等もお店からつけてもらうよりも、自分でリボンを持っていってつける様な神経がほしいと思います。

カーネーション

44 花束は一色でそろえる

花束

沢山の色々な花をとり集めて花束にする時は勿論いろいろな花があった方が美しいのですが、三、四本の花を持ってゆく時、一本ずつ違うのは可笑しいからです。数の少ない時には一色でそろえる様にしましょう。

花束を贈るというと、いつももう大きなものにきめられている様だけど、小さい花束も可愛らしいものです。スミレの様なものだったら、そのままでもいいのですが、小菊とか矢車草の様なものは、一センチ位に切りそろえて、リボンで根本を結んだりしたのはどうでしょうか。そんな可愛い花束をもらった人は、どんなに喜ぶでしょう。

45
ステージに贈る花は舞台効果のあるものを

ステージに贈る花は、受け取って、その人だけが喜ぶものでなく、受け取った時観客席からきれいに見える様な、舞台的効果のあるものの方が良いのです。また、その人に花を贈ろうという場合だったらステージで着る衣裳が何色であるか、その人の感じを前もって調べられたら調べておいて頂いた方が、その花を舞台で抱いた時に、それによってそのドレスを一層引き立て、その方をより美しく引き立てる様にするのがよいのです。

観劇

46 部屋に一輪の花を飾る

部屋の花

あなたは、自分の部屋をきれいに掃除しおわってから、一寸したコップに一輪の花でもさして部屋の一隅におくと、そのために急に部屋が生き生きと色彩的に美しくなってくるような経験をなさったことはありませんか。

しかし、今は、一輪の花でも大変高価なので、部屋から花を絶やさないようにするのは大変ですが、いつも花のある部屋で生活したいという気持ちがあれば、道端の雑草を飾っただけでも、ないよりはずっとうるおいのある生活が出来るのです。

47　部屋に花を活ける

花瓶

ふつう花を活けるのには色々の流儀があるのですが、あなた方はそうしたものにとらわれず、あなたの感覚に頼ってください。

花瓶にしても同様、立派なものや高価なものでなくても、コップとか水差しとか、一寸したもので充分役に立つことを考えてみましょう。

8

季節のおしゃれ

季節の移り変わりは、日本ならではの歓び。
シーズンごとのスタイリングで、
あなたのおしゃれ生活をさらに豊かに。

48 季節の変わり目のここちよさを楽しむ

季節の変わり目というのは、いつも女のひとが一際美しく見える。

そして夏がさびれて日射しに何となく秋を感じる時は、日本中の空気が新鮮になったような喜びで、色づきそめた樹々も澄みきった青い空も、そしてやわらかな毛織の布地につつまれた女性も、新たな美しさに甦えって新鮮に目にうつる。

あんなにこころよかった夏の木綿の布地が、使い古した商店の包み紙のような味気ないものに見えて、ウールの肌触りが懐しい故郷の物語を聞くようなこころよさである。

日射し

8 季節のおしゃれ

49　季節を感じさせる服を着る

季節と色との間には大きな関係があります。季節を感じさせる服を着ていると、人間というものは知らず知らずに季節の美しさを感じているので、その服を、そしてその服を着ている人を美しく感じます。美しいと思う気持は、人間の持っている感情と合った時にその相手を美しく感じるものです。だから、冬に涼しげな夏服を見ても、それがどんないいものでも美しくは感じないで、冬は暖かそうなオーバーを見た方が美しく感じます。季節には季節の色のものを着るのが一番美しく見えます。だから春には春の色、秋には秋の装いが望ましいのです。

季節の色というものはその季節に少しさきがけると非常に美しく見え、少しでも遅れると、どうしてだろうと思うほど美しくありません。五月頃、まだ夏服には早いと誰からも思われている頃に、その夏にさきがけて純白のドレスを着ている人を見かけると、これから暑くなるんだなあと少しユーウッになりかけていても、そのドレスの人がパッと目にうつって、そのさえざえとした美しさに、にわかに夏の来た喜びをひきおこされたりするのです。そうして、その白い服を着た人が、その初夏の街の、人ごみの中で一番美しく印象に残るものです。

九月半ばを過ぎてまだ秋の服を着るには早い頃でも、それがいくら洗い清められアイロンがかけられた純白の服であっても、白い服からはもう季節の美しさなど全くといっていいほど感じられません。その服が非常に似合っていても、何か同じアルバムを何度でも見せられているような味気ないものを感じさせられます。まだ秋の色で頭から足の先まで塗りつぶしてしまうには早いが、朝夕は涼しいような頃、焦茶の薄手のウールのドレスで、帽子、手袋、靴がいずれも純白の装いは、いかにも夏の終わり、初秋の美しさを目に感じさせて美しいものです。

50　季節の少し先をいくおしゃれを

春来たりなば、初夏も遠からじ。

脱ぎすてた冬のきものは、もう一度見なおして、そのまま来年も着てみたいと思うものなら、それはよく手入れをしてしまっておくのだが――もう来年は――と頭をかしげる様なら、いさぎよくといて、アイロンをかけ、またやって来る秋の日迄に、その布で出来るかぎりの新しいスタイルを考えてみよう。

春がすぎて、夏がゆくと、また秋も冬もやって来る。

三月ときけば、春たけなわ、というよりも、春の来たのをやっと身に感じる季節であるのに、着るものへの夢は、もう春のものではなく、やがて来る初夏へはせてゆく。

季節感

ああ、なんと冬のコートの肩に重く、腕をつつんだ長い袖は、はさみでチョキンときりとってもみなければ、もう一度だって着てみる気になれない、太陽のかがやき。

51
若草色は「春」に着る

春にしか美しくないという色は若草色です。若草色を夏に着ても全く映えません。オーバーをやっと脱いで、冬の服で街を歩くと少し汗ばむけれどまだ合服には早いんじゃないかと皆が考えている頃、いち早く若草色のスカートを早春の風になびかせたりしていると、天から舞いおりた春の精のような美しさを感じます。

冬が終わったナと思えば、すぐ初夏の風が青葉の薫りを運んで来る。そんなに短い春。若草色を美しいと感じられるのは、ほんの短いその「春」だけです。

52 九月は「木綿のドレス」を楽しむ

初秋

九月という月が何を着てよいのかさっぱりわからない様な季節で、夏でもないし、秋ともいえない、日中は真夏の様で、朝晩だけはやがて来る秋がしのばれる。そのくせ本当の秋がもうすぐ来るので、そんな九月のためだけのドレスも作りたくない気持ちでもある。

しかし、九月はよい月！　真夏の暑さとのたたかいもやっと終わって、ホッとした心よさに……　地厚な木綿のドレスが楽しめる。

ゆるい衿あきに、やや平らな感じの衿が返って、U字形に切った胸には、ドレスの色をくっきり浮き上らせる様な別色の布でふちどる。八月から九月にかけて楽しめるドレス。

53 夏の終わりの季節を楽しむ

ボレロ

青い空に大輪のひまわりが、美しい模様を描いて、そのあおい葉も眼にしみるような昼間の九月は、まだまだ真夏の気配です。

それでも、ふっと吹いてくる風の中に、何となく秋のつめたさが感じられたり、ひらひらと時々舞い落ちてくる落葉を見ていると、もう真夏のきものでは、何か心にぴったりとこないものを感じてしまいます。

そんな季節が九月ではないでしょうか。夏のドレスのうえにちょっと羽織るボレロのような上衣などで、どうかこの夏の終わりの季節を楽しんでください。

54 秋は着るものを自由に選ぶ

十月

十月の声をきくと、いよいよ本当の秋になります。本当に一年中で一番しみじみとしたこころよさのある時で、私たちの着るものも、なるべく涼しく暮らすための工夫とか、寒さを防ぐための工夫とかいうこともなしに、自由に型の選べる季節です。

あなたにどんなものが似合うかを考えるのは勿論ですが、あなたの生活に何枚位の服を持っていたらいいかということや、今までに作ってもう着られないと思ったものを工夫して、もう一度着られないかと考えたり、また、今年新しく作るものも、なるべく仕立て替えの出来る様な型を選ぶ等、いろいろと研究してください。

55 冬もおしゃれにフードを

フード

秋が逝って冬が近づくと、風が冷たくなって来ます。冷たい風を防いで、冬を暖かく暮らすには、何といってもフードが一番でしょう。それがどんなに暖かいものであるか、フードを一辺でも被つたことのある人は知っているでしょう。ロマンティックで可愛いフードと手袋のお揃いを出来るなら今年の冬に試みてください。

9

靴と小物のおしゃれ

靴や小物こそ、おしゃれでは大切なもの。
日頃から気配りを怠らないようにしましょう。

56 綺麗な靴をはく

靴

　靴を大切に致しましょう。靴の綺麗さで、その国の文化の程度が解るとさえ言われています。

　なかなか大変で、いつもきれいな靴をはいてばかりいることが出来ないのは分るのです。でもやはり、清潔な靴をはいていたい、という気持ち、それを持つことによってある程度解決がつき、毎日の生活への楽しさや、心の豊かさが、出来あがって来るのではないでしょうか。

57 一日使った靴の手入れ法

ブラシかけ

美しく磨いた靴をいつもはく事のよさは誰でも知っていることですが、中々出来ない事です。一日使った靴は帰宅したらすぐブラシで埃を払って靴墨をつけてしまい、翌朝ブラシでこすると油が中にしみこんで良い艶が出ます。

靴を磨くという事は美しくするという意味ばかりでなく何の手入れもしないで汚れた靴をいつも構わずはいているとすぐに靴が痛んで駄目になってしまうのですから。

58 腕時計のベルトをとりかえる

布地使い

彼があなたのところへ訪ねて来た時に、もし彼の時計のベルトが垢じみていたら、彼の腕から取りはずして、あなたの手製のベルトと取りかえてください。勿論、手ぎわよく上手に仕上げたものでなければこまりますが——彼とおしゃべりをしている間に、あなたは針をはこばせているのです。

そんなあなたを見ている彼は、本当にあたたかい幸福で胸がいっぱいになるでしょう。

10

暮らしのおしゃれ

何気ない日常のすごし方から
本当のおしゃれや
素晴らしい思い出は生まれてきます。
日々の暮らし方を工夫して、
美しい思い出づくりをしてください。

59 美しい思い出を持つために生活する

思い出は誰でもがもっているもので、すぎ去ったことを、何かの折にふっと思い出すだけのことだと考えてみても、それは皆あなたたちのすぎ去った日の生活だという事を考えてみましょう。

するとあなたたちが何気なくしている生活も、これから幾年かをすぎた日には、思い出となってよみがえってくることにもなるのです。そしてそのことはこれから先何度となく、季節の風にのって、くりかえしくりかえしあなたの胸によみがえってくることでしょう。

そんななつかしいはずの思い出が、みんなふゆかいなことや、わすれてしまいたいようなこと、いやなことばかりだったら、どんなに悲しいか分かりません。今、ちょっとずるいことをして、「ああ、得をした」と、その時は楽しい

生活

ような気持ちになったとしても、後の日にそれが思い出された時に、その時の楽しかったことよりも、そのずるい事をしたいやな事の方を思い出し、くいとなってよみがえってくるのでは、ずい分悲しいいやなことです。

嬉しい思い出になるようなことを、沢山もっていれば、生活はますますたのしいものになりますし、いやなふゆかいな思い出ばかりだったら、本当の楽しい生活は出来ないことになるでしょう。美しい楽しい思い出を、持つためにも、あなたは今、美しいたのしい生活をしてください。

60 台所に花をつるす

客間は美しく飾っても台所は誰にも見せない場所であるから、その台所を楽しい場所にするための心づかいはつい忘れがちである。

ところで、人間が暮らしてゆくのには台所がなしではいられない訳だし、家庭の主婦は一日の半分はそこで暮らす事になる。またアパートからオフィスに通うひとにしても、朝夕は流しの前に立つのだから、その時に明るい心でいられる様に工夫をしてみたいもの。

まず清潔な台所にするために心を配っていなければならない事は勿論であるが、どこかひと隅にたとえ一輪でも花が飾られてあったら台所いっぱいをいろどって何となくその日一日が心楽しいことであろう。

これは台所にある空瓶でも鍋でも食器でも、何でもありあわせのもので、紐でつるせる様な器をみつけて、それに枯れかかって客間には置けない、という花の中から未だつかえそうなものをえらびひとつ活けてみる。

それでも三日位は充分もつものだし、こんな楽しい工夫が出来るというだけでもどんなに嬉しい事だろう。

61

日用品は美しく扱う

私たちの家庭の中で毎日使っている日用品は、実用向という意味で、それ程美しくなくてもよいと思われがちです。でもそれらを一寸した工夫で、美しく扱うという事が、どんなに私たちの生活を楽しいものにするでしょう。

毎日使うものが美しくあって、それが生活の色彩的な役目を示してくれるならば、室内装飾というものは、置物を飾る事だという考え方も、大分変わって来るのではないでしょうか。

62 エチケットへの心づかいを忘れない

外出

エチケットにしばられるのは不愉快なことだとお思いになる方もあるかもしれませんが、エチケットというものは、ほんとは皆が愉快に楽しく暮らすために生まれたものです。

銘々が公共の場所でしたい放題のことをしたら、どんなに不愉快なことになるでしょう。エチケットとは、皆が楽しく暮らせるための一つの枠とでもいいましょうか。

これからのあなた方は、是非ともエチケットについての心づかいを忘れないで欲しいと思います。

63 疲れたような歩き方はしない

疲れたような歩き方はやめましょう。

たとえ疲れたときでも、そんな歩き方で直る訳のものでもないし、人が同情してくれる訳でもありません。もし、皆がそんな格好で歩いているとしたら、日本の国がみじめな生気のないものとなってしまうでしょう。

疲れた時でも元気よく足どり軽く歩いてください。そうつとめて心掛けることが、あなたのよい習慣をつくりあげることになるでしょう。

64 街を歩くときは軽快な服装で

服装

街を歩くために街着とか散歩服というものがありますね。そんなゼイタクなことはいっていられないにしても、買い物に街へ出たりする時、ひとを訪問するような立派すぎるものを身に着けて行くのはおかしいものです。

大体、軽快な服装であって、清潔な、アイロンのよくかかっているようなものであって欲しいと思います。ことさら服の美しさを人に見せつけるような気持ちはつつしんでください。

65 買い物したものは小脇にかかえる

買い物したものはちゃんと小脇にかかえるか、軽く手に持って歩いてください。いかにも買い物をした楽しさが歩く姿にも分かるようなものであって欲しいと思います。

道ゆくひともそうしたあなたにきっと好意の微笑をおくるにちがいありません。

99 長々と立ち話をしない

立ち話

街でお友だちに会った時は、道の真中でなく脇によってお話をしてください。また、お友だちと一緒に歩いていて、別のお友だちに会った時には、今まで一緒にいたお友だちを忘れてしまったかのように、永々と立ち話をするのはよくないことです。もしつもる話があるのでしたら、またの日を約束して、友だちがいるからと別れるのが本当です。二人のお友だちのどちらの気持ちも傷つけないように考えることです。

67 晴れ着もふだん着も自分らしく

いつ会ってもいい身なりをしてお洒落で通っているひとの家庭を訪ねていってみると、あまりにみすぼらしい恰好だったために、ひと違いかと戸惑うようなことがある。

そんなひとは本当に歓びのある暮らしをしているひととは言えない。

それは家にいる時もネックレスやイヤリングをしていることを指すのではない。

いいものを着るというのではなく、晴着もふだん着もすべて暮らしに密着したもので、その中で何かしらそのひとらしい装い方をみつけているひとのことを言うのである。捨ててしまうような屑布からも、黒い無地のきものからも、素晴らしい喜びが生まれることを、あなたの暮らしの中から見つけてほしい。

11

部屋のおしゃれ

お部屋はあなたの大切なお城。
あなたならではの、
可愛くくつろげる空間づくりで、
夢のある暮らしを楽しみましょう。

68 部屋着の時にも礼儀を

ガウンにしてもふだん着の洋服にしても、そうしたくつろげる部屋着を持っていれば、そんなこともないのだが、くつろいだ時の形が決まっていないと、ことに夏場などはとかく見苦しい形になりやすい。

いかに暑いからといって、裸体に近いような姿でいるというのはいかにもだらしがない。

くつろいだ気持ちになるということと、だらしがない恰好をして気持ちにしまりがなくなるというのとは、気持ちの上で似ても似つかないへだたりがあると思う。

11 部屋のおしゃれ

69 家でも楽しく美しく

キルティング

いつでも、ハッとふりむくようなステキなドレスを着ていて、ベストドレッサーだと自他共にゆるしているようなひとが、家に帰ると見るかげもないようなだらしのないものを着ていた、などというのは幻滅のいたりです。

かといって、初めから家庭着として特別に新調をするのも、なかなかそれほどの余裕もなくて大変なことでしょう。

けれど出来ることなら外でも家の中でも、同じように美しくあるために、たのしくて可愛らしい家庭着を一番安く作れる様に考えてみましょう。

洋服を作ると必ず出来る裁ちくずをみなさんはどうしていますか？　裁ちくずはたとえどんな小さな布端でも集めておいて、三センチ角でも、五センチ角でも、またもっと大きな四角でも、その色々の裁ちくずを同じ大きさの四角に切って、それを配色よくはぎ合わせて縫代を割り、スカートの大きさになるまではぎ合わせます。そして適当な大きさになったらそれに裏をつけて、あわせのスカートを作ります。それに、接ぎ目にテープを張ると裏と表がはなれず、キルティングのような役目もするわけです。

これなら手間だけで一銭もかからずに、思いがけないほど可愛らしい家庭着が出来るわけで、これにセーターやブラウスを組み合わせて着ます。

家の中でも美しくすることこそあなたのおしゃれのポイント。

70

エプロンがふだん着をかえる

エプロン

通学や外出から帰って、ホッとくつろいだ気持ちで着がえるふだん着。あなたはどんなふだん着で、毎日を楽しんでいますか？　家へ帰れば、どんな服だってかまわないというのではなく、ふだん着もやっぱり、楽しいものにしたいものです。

と、いっても、そう沢山、ふだん着を持てるものでもありません。それで楽しいふだん着として、家へ帰ったらエプロンをしているのはどうでしょうか？夏のワンピースの古くなったものの、よい所を取って作り直したり、ブラウスを一つ作るつもりで、新しい布で可愛いエプロンをこしらえたりして、いくつかのエプロンを持ち、家へ帰ってふだん着に着がえた時、その日によって、いろんなエプロンをしてみるのは、楽しいことだと思いませんか？

こういう風にすれば、たとえふだん着が一枚しかなくても、時によって取りかえるエプロンによって、毎日の気分が新しく変わり、生活の楽しさも多くなるでしょう。可愛く自分で作って、毎日のふだん着としてください。あなたのエプロンのふだん着はお家の美しい花のいろどりです。

71 まくらとねまきとのアンサンブル

まくら

もしあなたがとても楽しいネグリジェを着て、楽しい夢をむすぶことを知ったら、もう古びたゆかたなど着てはいたくなくなると思います。

昼間はせっかくステキなあなたが、夜ねむる時には、全くがっかりする様なものを着ているのではこまります。

もしそのネグリジェの布と同じ布で作ったまくらカバー、または白いまくらカバーにそのネグリジェの布でアップリケしたものなど、まくらとねまきとのアンサンブルなんて、それはきっと昼間のあなたまで美しい雰囲気につつんでくれることでしょう。

72 編みものはなんどでも新しく

編みもの

オーバーを脱いでしまう頃になると急に下に着ているものが気になって来ます。

この季節のふだん着には、いろいろな点から言っても一番良いものは毛糸で編んだものではないでしょうか。

布地で作るものは古くなって作り替える時に、上手にしないと段々惨めになってゆくものですが、毛糸のものは毎年でも編み替えれば新しい型で着る事も出来ますし、縮んだところを除いて、毛糸が一着分に足りない時は、別色の毛糸や布をはぎ合わせたりして作ると、また違った面白さが生れて来ます。こうして毛糸の寿命は十年でも二十年でも長く保つ事が出来るのです。

73 お部屋には心づかいを

あなたの日々を愉しく、明るくより豊かなものとするために、そして寒い冬の日も、身も心も暖まるようなお部屋を工夫してみましょう。

私たちの生活の中にどうしても必要なもの以外の、ふだん気のつかないようなものに対しても親しみを湧かせ、どんなに私たちの日頃の生活を楽しくさせているかに心を向けさせてくれる事でしょう。

たとえ、どんなに立派で大きなお部屋でも、そこにある全てのものが何となくちぐはぐで、ごてごてとしていたら、一寸も可愛いくないし、かえって愉しさをそいでしまう事でしょう。あなたのお部屋は、どんなにささやかな一隅にも、愛らしく奥ゆかしい心づかいを香わせて頂きたいと思います。

部屋

74 押入れを楽しむ

衣類

あなたがもし、一間の押入れを、あなたのためにもらえるとしたら……こんな風に作りかえてみたらどうでしょうか。まず押入れの中側を下張りして紙を綺麗に貼り、一間を二つに真中から区切って、下の方には、敷居のある位置より少し奥に、八ッの引き出しを作ってあります。冬になれば、冬のものは手近な所に置いて夏のものを整理してしまっておく事から言っても、右下の大きな引き出しは、便利だと思います。

それから、あなたの身の廻りのものや、細かい服飾品、例えば下着の類いやハンカチ、靴下、手袋、ベルト、替え衿替えカフスの様に細々したもの等は、残りの引き出しに、それぞれ入れておくとよいと思います。

右の側は上部に少しタナを取り、その下は、洋服をかけられる様にしておきましょう。

左側はあなたのライブラリーです、上から四段にとって、一番下棚の下の板を前へ倒すと、小さな机が出来ます。これは一寸した勉強机にもなるし、お手紙を書いたり、本を読んだりするのによいでしょう。

カーテンは、美しいのならばそれに越した事はありませんが、よいものがない場合は、アップリケをして、カーテンにしても、扱い方一つで素敵なものになるのではないでしょうか。

押入、という今までの、一寸薄暗い感じの言葉にはさよならして、あなたの世界の楽しい一部として、いろいろな点から整頓が出来たらと思って、考えてみました。

これは、ほんの一例ですが、あなたの生活に結びつけていろいろと工夫してみてください。

75 四畳半をあなたらしく活かす

四畳半

四畳半を、どうして活かすかという問題です。

お金を掛けて、可愛らしい家具や、美しい敷物を選んで飾ることも一つの方法です。

しかし、材料は極くありふれたものばかりでも、あなた方の工夫で、美しい敷物にしたり、もっと親しみのある、そしてあなたの教養や趣味が、部屋の隅々からでも匂って来る様な、可愛らしいお部屋を造るのも、面白いことではないでしょうか？

まず机です。

机の上には、成るべく沢山のものを置かない方がよいと思います。

次に本箱です。

皆さんは毎日どの位、本をお読みになるでしょうか？　本は私たちの一番貴いお友だちです。あなた方は決して本を読む生活を忘れないでいて欲しいと思います。また例え読む暇があまりなくとも、本のある中に生活する喜びと、本をあつめる喜びだけでもあって欲しいと思うのです。そのため、本箱は是非ともあなたのお部屋に置いてください。本箱は決して、立派な、凝ったものである必要はありません。かえって何の飾りもない本棚の方が、より美しい場合が多いのです。


次には額の掛け方を考えて見ましょう。

額を掛ける場合、何か余り布の様なものを貼って、その上に額を掛けると、その額がより以上色彩的に効果的に目にうつるものです。それに部屋の中も、より印象的になりますし、壁の汚れ等も目立たない様になります。

これと同じ理由で、置物等を置く場合にも敷物の代わりに小布れを利用してみたら面白い効果があると思います。

次に敷物。

例えば、何か小片を（出来れば毛織の生地が良いのですが）はぎ合して、それともう使えなくなった古い毛布とを袷にして、縫うのです。可愛らしい絨毯が、出来るのではないでしょうか？

以上、お部屋の飾りについて、色々工夫してみました。

この様にして、あなた自身の手で、また、あなた自身の趣味で、色々と工夫された美しいお部屋が出来上がります。あなたの生活を、少しでも、美しく、明るくする様に、また、あなたの美しい思い出となる様に！

12

雑貨のおしゃれ

暮らしの雑貨に
もう一工夫することで気持ちよくなれます。
清潔でキュートな小物使いや
ロマンティックで楽しい
雰囲気づくりができます。

76 タオル掛けの出張所を

さわやかな朝、洗面所で顔を洗う。

顔を洗っていざ拭こうとするとタオルがよくしぼれてなくて拭いてもいっこうサッパリしなかったり、汚れて黒かったりする気持ちの悪さはどなたも経験したことがあるはずです。

それと同じ様に歯ブラシも水をつけてから歯磨粉をつけるのだから濡れていても同じようなもののやはりはじめから濡れているのより、サッパリと乾いていたのを使うのとは気分がまるで違うし衛生的です。

陽当たりのいい場所は居間や縁側が占領していて洗面所は大抵陽の当たらない場所にあるものです。だから、カラッとしない日など今日使ったタオルが翌日もまだ乾いていないことはしばしばあります。そこで、朝洗面をしたらよくすすいで庭や廊下の陽の当たる場所に乾す習慣をつけたいものです。

つまり、タオル掛けの出張所を作っておくのです。

一人一人がなれてしまえばなんでもないことですが、これを毎日主婦が一人で家中のものを洗うと一仕事になりますが、こうして毎朝さっぱりとしたタオルで朝の洗面をしたいものです。

歯ブラシもよく水をきってコップに入れて日向に出したり、餅網を庭木に吊って網目にブラシの柄を差すのも便利です。

77

タオルは自分で作る

タオルはあまり自分では作りませんが、工夫でたのしいものが出来るのです。シーツは大抵背中の当たるところが痛むので両端はまだまだ丈夫なのがあります。ここを適当な大きさに切って、二枚合わせにし、周囲をバイヤスで縁取りしてごらんなさい。スバラシイタオルが四人分位は充分出来ます。

また、〇〇酒店とか、××薬局など、商店の名前の入ったタオルがありますが、あれをそのまま洗面所にかけてあると、どうも野暮臭いです。手を拭く度毎に、そのお店を思い出してもらおうと思っているお店には大変申し訳ないことですが、大抵両端に名前を印刷したり、織り込んだりしてありますからここを切ってしまうと見違える位スッキリします。

それから、あなたは日本手拭を使ったことがありませんか。タオルを使いなれると、あの木綿の布で顔を拭くのはどうもピンときませんが、水に濡らしても乾きも早いしなかなかいいものです。適当な白い木綿の布もタオルの大きさに切って、両端に自分の色をふちどりしたりバイヤステープでまわりを玉縁にしてもいいものが出来ます。

こんな小さな試みが、何となく洗面所を清潔に衛生的にする習慣をつけ、ひいては玄関や台所にまでそうした心がゆきわたって、お家の中が明るくなることでしょう。

78

歯ブラシの色と
タオルはそろえる

はっきりタオルが誰のものか決まってしまうと小さいひと達も泥だらけの手をひとのタオルで拭くこともなくなり、自分のをなるたけきれいにしておこうとつとめるようになります。

歯ブラシも今のが傷んで新しく買うタオルの色とそろえてください。

歯ブラシ

79 ポストを工夫する

暮らし

私たちの生活を楽しいものにするためには、ポスト一つでも、従来の定まった型にこだわらない自由な工夫をしてみるのが面白いと思います。

手紙というものが人間の生活になかったら、不便ということだけでなく、生活の楽しさにも随分影響するものだと思います。その楽しい手紙が小鳥の訪れて来るように、可愛らしいポストの中に、そっと差し入れられてあったら、あなたが待っている手紙はもっと楽しいロマンティックな夢を運んでくれるでしょう。

80 絵のある雑巾を作る

雑巾といえば、手のつけられない程黒くよごれてしまって、ボロボロにくずれてしまい、元は四角形であったことすら明らかでないようなものをまだ使っているのもよく見かける。

どこの家庭でも忙しいのだから、いつも新しい清潔な雑巾を——といってもなかなかむずかしいことはよくわかるけれど、それでも——そんなきたない雑巾は絶対にいやだ——と思っているのと——雑巾なんて他人に見せるものではないから——と考えているのとでは結果が自然と違ってくるものだと思う。

木綿の布を幾枚も重ねて、その上をミシンでジグザグと縫ったふつうの雑巾であるが、そのミシンで縫う前に、裁ちくず布の中から、丸でも三角でも、絵というほどのものではなくても、一番簡単で自分の描けそうなものの形を布で

切りぬいて、それを雑巾にする布の上に置き、動かないようにするためにところどころのりで留めてその上をミシンで横にでも縦にでもやたらと縫ってゆけばよいのです。

さあ、こんな楽しい雑巾はたとえ一週間もすれば黒くなってしまうようにしても、新鮮な心で暮らせる一つの方法ともいえよう。それにこの雑巾をつくるための時間はふつうの雑巾を作る時間と比べて、ほとんど変わるものではないし、夜の食後のおしゃべりの間に家の者が一つずつ何か考えて色々な図案を置いてみるのも楽しいものではないだろうか。

そうして、雑巾も使う場所で色々に分けて、机の上をふくのも、足ふきも同じであったりしないように。こんな楽しい雑巾は、新築のお祝いや、結婚の贈物に六枚か十二枚揃えて、白い紙に包んで赤いリボンをかければ、受け取ったひとには、どんなによろこんでもらえることだろうか。

13

贈物のおしゃれ

大切にしたいあの方へのプレゼント。
ラッピングのひと手間や手づくりの品で、
あなたの贈る心が一段とつたわります。

81 プレゼントには まごころをこめる

プレゼント

ご結婚のお祝い、お誕生日、クリスマス、卒業や入学などのプレゼントの愉しさを考えてみましょう。

あなたのお誕生日に、親しいひとやまた思いがけないひとから届けられた贈物で、どんなに愉しい思いをするか、その喜びを考えて、贈る愉しさも皆一人一人が持って欲しいものです。

高価な素晴らしい贈物をごく少しのひとに贈るよりも、小さなものでも出来るだけ沢山のひとに贈った方が、世の中にそれだけ多く贈物を受け取る愉しさを持つひとが増えるのです。ですから機会あるごとに出来るだけ沢山のひとにプレゼントを贈りましょう。

贈物をする時には、贈る相手が一番喜んでくれるものを贈りたいもの。それにはふだんから、それとなくそのひとが欲しいものを気をつけて知っておくようにしておきます。

さて、そのせっかくの贈物を、お店で包んでくれたままの包み紙や、のし紙のついたまま贈るのはやめましょう。あなたの贈物がそのひとに一そう喜んでもらえるように、そのひとの好きな色の紙に包み直してリボンを美しく結ぶなど、贈物を一そう愉しくしてください。

この頃、お店の包み紙でも美しいものが沢山ありますが、それはお店のサービスであなたのまごころではないのですから、やはりあなたの手で美しく包み直して贈りたいものです。

82 大切なのは贈ろうとする、その心

日本の習慣では、贈物というものがはっきりなくて、お歳暮、お中元、ひとを訪問する時の手土産、一番贈物に近い感じのものにはお年玉があるにしても、どれも自分のまごころを贈るというものではなく、習慣としてお互いが贈りあうものでしかなく、皆さんの生活には遠い感じのものでしょう。皆さんが贈るというものは、たとえ大嫌いなひとにでもお義理で贈るというものではなく、好意を寄せているひとへの、あなたのまごころのしるしとして贈るものです。あなたのまごころは、お金で買えるものではないのですから、どんな小さなまずしいものでも、あなたがまごころこめて贈ろうとする、その心が大切なのです。

まごころを贈るというのはどういうことでしょうか？　そのひとに何を贈ったら一番喜んでもらえるかを考えるのもその一つ。また一番そのひとのためになるものをということもあるでしょう。それらあなたが一番大切にしているものを贈っても惜しくないとしたら、相手のひとはどんなにおどろいて、喜んでくれることでしょう。まだ他にもいろいろあるかもしれませんが、あなたがまごころこめて贈ろうと思っている前の日になって何を贈ろうかと考えているのでは駄目です。いつも考えていてよく研究し、そうして贈ったものならきっと喜んでもらえるに違いありません。例えば同じものを二つ買って、一つを贈り、一つをあなたが持っているというのもいいでしょうし、また器用なひとだったら、自分で何かを作ってあげたらどうでしょう？

83 贈物は自分らしく包みなおす

せっかくの贈物がたとえどんなに素晴らしいものでも、デパートの包紙でつつんだままだったらそれがクリスマス用につくられたものであっても、のしのついたお歳暮同様味気ない。贈物として買ったものは、やはり一度家に持ってかえって、つや紙や銀紙などで包みなおして、可愛い造花やリボンで思いきって楽しいものにしてみると、どんなささやかなものでもその包紙の楽しさが、贈られるひとの喜びをまし、またそれが贈るひとのまごころというもの。

小さな箱は銀紙で上手に包んで黒いしゅすの細いリボンを結んでみたら、銀色の光の上に、黒いリボンが、すてきな味わいをみせる。十文字にかけたリボンの中央の結び目に、別に幾重にも折りたたんだリボンをおいて、その上をきゅっと結んだものは男のひとに贈る時。女のひとには、赤いリボンで。

贈物

13 贈物のおしゃれ

贈物は、ハンカチ一枚でもたのしいもの。それに贈るひとのちょっとした心づかいで素晴らしい贈物にしたい。ハンカチ一枚を真赤なつや紙でつつみ、黒のしゅすの細いリボンを結んで小さな造花を一輪そえてみたら、可愛らしいプレゼントになった。画用紙を細く切ったカードもそえて。

こんな可愛い小包みをうけとったら「オヤ！」と目をみはり、胸いっぱいに幸せを感じるのではないだろうか。ピンクのラシャ紙に縦横の紐の一本一本を違った色にして、本物の小包紙に、紐も麻製のものを使ってもまた実感が出て良いだろう。

荷札には贈る人への色々の言葉を書こう。荷札は画用紙を小さく切って上端にマジックインキで赤い丸を描き、細い針金を通したものが可愛い。

84 ギフトには空箱を活かす

箱に入っている物や、形のはっきりした物は、そのまま包めるのですが、形のととのわないような物は、適当な箱に入れてから包む方が美しい贈物が出来ます。ですから空箱はいつもこわさないようにして、その日のためにいろいろなものを綺麗にためておきましょう。そうしたら、どれか一つはちょうどいい大きさのものがきっとみつかるでしょう。その上に包む紙は、のしのついた紙は立派な一人前のものではあっても、形式的なもので、あなたのまごころのあらわれではないでしょう。立派な水引のかかったものよりも、清潔な白い紙に包んで可愛いリボンで結んでください。いつでも相手が、品物をもらったということのためでなくて、何か気持ちの明るくなるような楽しさを感じるような贈物であることを忘れないように——。

13 贈物のおしゃれ

85 包装紙やリボンを用意する

ラッピング

贈物の紙は、白ならどんなリボンもよくあうし、一番無難ですが、まだ他に包み紙としては、金、銀、色々な色紙、また千代紙なども可愛いでしょう。また色々なお店の包み紙の中にも可愛いのがあったら、店の名前が目立たなければいいのですが、取れるものなら取って、綺麗にアイロンをかけてピンとして包むのもかまわないでしょう。そんな紙が手に入った時は、ためておくようにしましょう。リボンでもそうです。可愛いリボンは、買ってくれれば一番いいが、古いリボンでも、いつでもきれいにアイロンをかけてしまっておきましょう。古いものの場合、絶対に前の結びじわなどの残っているのはいけません。

買い物をした時のひものの中にも、綺麗な色をしたものはいつでも一まとめにしてとっておいて、一番包み紙にあう色を選んで結ぶといいと思います。

手土産

98 手土産は心をこめて

日本の古いしきたりでは、人をお訪ねする時は、必ず手土産を持ってゆくものの様になっていました。けれど、もうそんな習慣もなくなった様です。しかしまごころのこもらない手土産は必要のないことでしょうが、お庭に咲いた花でも、家庭菜園のお野菜でも一寸自分がこしらえてみた可愛い手芸品だの、美味しいお菓子等作って、持って行かれたら、その訪問がもっともっと、楽しくなるのではないでしょうか。頂いた方も、すぐそれをちゃんと受け取って、お家の方に見せて、一緒に喜んで頂いた方がよいでしょう。

14

祭事のおしゃれ

クリスマス、お正月、ウエディング。
親しい方々が集まる催事を、
さらに思い出深く……。

87 クリスマスプレゼントを贈る

クリスマス

クリスマスプレゼント、と言えばそれにまつわる色々な楽しい思い出もなつかしいが、まだ小学生の頃、「さあ今年は誰と誰にどんなものを贈ろうか」と頭をひねって、それを買いに街に出る、その楽しさは今も生き生きとして私の胸によみがえってくるものだ。——それは、時々もらうお小遣いを母にあずけておいて、クリスマス近くにまとめてもらうのだが、それがどの位の金額であったかはっきり覚えていない。そのお金を手にして、先生、友だち、家族などと、親しい人たちを列挙してそのお小遣いを人数割りしてみると一人あたり三十銭位になったように記憶する。その当時の三十銭といえば今の六十円位かもしれないが、ともかく金額がきまると私は姉たちやまた友だちと街に出かけて、文房具屋とか小間物店などで、まず姉たちのために抒情封筒が二十五銭、友だちには焼き絵の筆箱が二十五銭、鉛筆が一ダース二十一銭、母にはこれ位の金額で何が買えるかと、頭に浮かんでくる。それを受け取る人たちのことを頭にえがきながら研究してみた。あのひとにはこれを、このひとにはこんなものをと、私は限られた予算の中で、あれこれ思いめぐらせるのだが、さて買うものがきまると「ちょっと外に出ていてくれなきゃいやだ」と姉や友だちは、お互いに店の外に出てもらって、何を買ったのかわからない様にする。そうしてやっと皆のプレゼントを買込むのだが、さあそれからがまた一苦労である。

というのは、誰に何を贈るかがひとに判ってしまってはつまらない。ところが姉たちと一緒に子供部屋の中で、誰にも見られないように、一つ一つ工夫をこらして包装するのは、幼い私にとって一大難事業であった。しかしその苦心というのも、まごころをこめてものを贈るという、その喜びで充分報いられるのだった。

こうして、さてクリスマスの朝を迎えると、何だかその日はわくわくして胸がおどる。まず、母姉たちの家族の者から、また、教会関係のひとたちや学友の贈物を受け取るその大きな喜びは、そんな経験のないひとたちにはとても理解できないものではないだろうか。緑の葉のひいらぎの小枝をそえた、赤い紙包み、また白い紙包みの、白や赤のリボンをとくそのうれしさ。そうして、前日に姉弟で飾りつけたクリスマスの木のそばで讃美歌を歌って、お祈りをして——その一日は床に入るまでそわそわと落ちつかないほどに自分が豊かになった様な楽しさで胸がいっぱいである。

賑々しいクリスマスを私は好まないのでもないけれども、そしてまた、別に宗教的な目的のようなものはなくてもいいのだけれど、日本にクリスマスという日があるのなら、明るくて健康に皆で楽しむクリスマスは忘れてはならないように思う。

88 ひな人形を飾る

ひなまつり

日本で昔から行われている少女たちのひなまつりは、是非残しておきたいものの一つだと思います。

ふだん、余りお人形のことを考えてみない人達でも、ひなまつりが近づくとお人形をとり出してみたくなるようです。ことにそれが、あなたの丹精こめた手によるものだったら、喜びはひとしお深いものといえるでしょう。

このお人形が、あなたのお机の上に飾られる日、ゆかしいひなまつりの夢があなたを包むことでしょう。

89

大晦日は心の中も整頓する

私たちは、毎日の生活で、改めなければならないことが、沢山あるのですが、中々改めることは出来ないものです。新しい年の始めのこのお正月という日には、誰でも、今年こそは、あんな事はもうくり返すまい、と考えたり、あれは今年から改めようと、心にちかったりするものです。

大晦日の日もお正月も、同じように、朝太陽が上って、夜になって行くのですが、私たちは、大晦日とお正月では、全く別の日のような気持ちになって、その新しい年の第一日を過ごし、今年こそはと考えては、色々その年の計画をたてたりするのです。

毎年、今まで、皆さんも今年こそは……といろいろ心にちかったことでしょう。けれども、いくらちかっても、そのちかったことが、途中で駄目になってしまうという経験も、皆さん、あるでしょう。どうせ駄目だと思って、悪いことを改めようともしなかったら、どんなことになるでしょう。ますます悪くなるばかりだということも、よくおわかりのことだと思います。

新しい年の始め、それは、世界中の人が、きっと、新しい心で、悪かったことは改めようと考えるのではないでしょうか？世界中の人がそろって、そういう風に心にちかう日は、お正月でなければ他にないと思います。

大晦日の日に、あなたは障子を貼りかえたり、大掃除をしたり、お正月を迎えるための準備をすることでしょう。それならもう一つ、それと一緒に、あなたの心の中を整頓しましょう。そして改めなければいけないことをよく考えましょう。

そしてお正月には、晴着を装い、すべてが新しい気持ちの中で、これから来る三百六十五日を、今年こそは……と、去年までの悪かった事はもうくりかえさずに、改めるように心にちかってください。そしてその事が、この年の最後の日まで続く様に――。

90 結婚とはなにか

結婚する前は、火のような燃えた愛情で、愛しているという感情だけでお互いに幸福なものだ。しかし、このような恋愛の時期を終わって、もし結婚したら、お互いが愛しているならそんなお互いの感情を、実際の生活の上に移して行かなければならない。そんな愛している相手なら、そのお互いの生活にお互いが役立たなければ幸福は到底望めない。

もし結婚して、当然そのお互いの生活の上に、起こり得るいろいろな仕事——例えば、どうしても一日に三度の食事はしなければならないし、また着るものは一日着ればそれだけ汚れて、肌着の洗濯も欠かす事は出来ない。また庭の草だって、放りっぱなしでは伸びて見苦しく、掃除もしなければならない。或いはまた、限られた金額で生活の切りもりもしなければならないなど——このような事は極くやさしい事に考えられるかもしれない。しかし、それでいて、お互いが協力し合って、それらの事をうまく取り捌いて行き、快よい二人の家庭を作って行く、と言う事は、当人が考えているほど簡単な事ではない。二人が協力し合って、上手にそれらの事をこなして行くテクニックが、もし万一出来ていないならば、その二人の生活はどうしてもうまく行かないのは当然の事だ。夫婦の型にも、共稼ぎといったような色々な型があろうが、夫が外で働いて、妻が家庭で仕事をするといったふつうの場合、妻にその家庭内の仕事の切りまわしがうまく出来るような能力がないとしたら、それは生活能力のない夫と同じように、妻としての資格も、能力もないものと言わねばなるまい。

そして、この事は、お互いが生活する上に満足した家庭を作れないという意味で、妻にとって夫を愛している事にならないのではなかろうか。

91 冬の花嫁にはピンクのウェディング・ドレス

ウェディング・ドレス

結婚衣裳というと大抵は純白の絹ときまっているようだ。

たしかに白は清楚、純潔を表して美しいが、花嫁らしい初々しさをもったものなら、白と限らずに自由に色を考えてもよいのではなかろうか。

それに、冬の花嫁には、それらしい暖かい感じをもった、ウェディング・ドレスを着せたいとも思う。

とけるように淡いピンクのボアが、あまりにもけがれのない美しさをもっているのに魅せられて、それで結婚衣裳を作ってみようと思った。

それまでのウェディング・ドレスの常識を破って、ヴェールもピンク、手にもった花もピンク、手袋も靴もピンクで揃えて、やわらかい、ういういしい感じのあふれるように全体を包んだ。

ピンクと限らず、淡い美しい色だったら、ブルーやイエローなど、季節の色で全部を統一した花嫁衣裳は考えるだけでもたのしい。

15

言葉のおしゃれ

言葉は心の窓。
思いやりや気配りがにじみ出る言葉遣いは
あなたを一層輝かせます。

92 「あっ失礼しました」の一言を忘れない

時々胸のすく様な気持ちのいい電話をきく事がある。そんな時はその日一日気持ちがよい。電話は相手の顔が見えないし、用件だけをぽつんと相手にぶつける様なものであるから、ほんのちょっとした一言で相手の気分を悪くさせたりするものだ。気持ちのいい電話は生活の明るさを作る。

ベルがしきりに鳴っている。仕事の途中でちょっと手がはなせないのだけれど大いそぎでとんで出て「はいはい」「××さんですか？」「いいえちがいますが」と言い終わらないうちに——ガチャン——と切ってしまった。

こちらは別に悪い事をしたのでもなく、息せき切って電話口までかけつけたのに「あゝそれは失礼しました」位はいってほしいところだ。しかもこちらが——ちがいますが——と言い終わらないうちにもう切ってしまうなどというのはもってのほかで、そんな事なら「××さんですか」と問われた時にこちらがガチャンと切ってやりたかった……などと一日中不愉快なものだ。

今度はこちらがどこかへ電話をかけて「△△さんですか」とたずねたら「いいえ違いますが何番におかけになりました？」と相手はいう。非常に急いでいたのでつい——違うのなら——と大いそぎで切ってまたかけなおす。

ところがかけられた相手になってみれば急いでいるかどうかは電話でわかるはずもなくガチャンと切られた事でどんなに気持ちを傷つけられたか、ほんのちょっとした事の様で、やられた当人は「何番におかけになりました？」などと親切にいった事までバカみた様な気になったと思う。

「あっ失礼しました」この一言にそんなに時間はかからない。

言葉

93 美しい心を伝える言葉のエチケット

〝言葉〟は毎日欠くことの出来ないものです。美しい心を持つことが、まず一番大切ですが、その美しい心を相手に感じさせるだけの、言葉のエチケットも、同じように大切である事を忘れないでください。

お客さまにお茶菓子をさしあげて

〝おいしくないけど、さめない中に早くいただいてちょうだい〟などとはおっしゃらないでしょうね。イタダクというのはタベルことではなくて、もらうということを兼ねているのです。ですから、お菓子を下さった時に

〝いただきます〟というのは間違いではありませんが、他人に向かって、召し上がってくださいというい"みでいただいてくださいとは決していえない言葉で

す。

前のは、家庭の中でのお話ですが、喫茶店などでも、メニューを見ながら〝あなた、何をいただく？〟といっている人を時に見かけますが、これも前と同じいみで、別に喫茶店からコーヒーやお菓子をもらうのではないのですから、おかしな言葉です。

〝あなた、何を召し上がる？〟とか

〝何をお取りになりますか？〟

というような言葉づかいをするのが本当です。

私がいつかある家へ訪問した時、その家の奥さまが、

〝オコーヒーを召し上がりますか？　アラ、オスプーンはどうしたのかしら？〟とおっしゃいました。よくこんなことをいう大人がいますが、それを綺麗な言葉だと思わないでください。オコーヒー、オスプーンなどと、そんなにまで馬鹿ていねいな言葉はかえっておかしいのですから、こんな言葉の真似を

しないでください。

〝すみません〟という言葉は、いろいろ意味があります。〝申し訳ない〟とあやまる時も使いますし、〝ごくろうさま〟という意味もありますし、〝ありがとうございます〟という場合もあります。ここで特に言いたいのは〝ありがとう〟の代わりに使う場合のことですが、なるべく〝すみません〟というのはやめるようにしたいものです。ちゃんと〝ありがとうございます〟という方が、何だかのびのびしたいい気持ちがしませんか？

美しい心を素直に、自分のありのままに表現出来るように、言葉のエチケットをいつも心にとめましょう。

94 電話のかけ方ひとつでも

電話

私の知っている若い女のひとに、こんなひとがいます。明るくて、社交上手で、話題が豊富で、逢ってお話をしていると実にたのしい。着ているものの好みも良くて、訪ねて来る度に何かハッとするような新鮮な感じで現れます。

ある日このひとから電話がかかって来ました。特別になにという用件ではなくて、世間話を電話でするような感じのものでしたが、結構たのしく話題ははずみました。そして、「その内にまたお邪魔してよろしいですか？……ワァうれしい、いつがよろしいかしら？……そうですか、じゃ、おめにかかるのたのしみにしていますわ、さよなら」という、その「さよなら」の半分もいわない内にガチャリと電話を切ってしまいました。

こちらはもう一言ぐらい何かいおうとしているのに、こんな風にガチャリと切られて、私はその時は物足りないような気がしただけでしたが、その後電話の度に、このひとは自分のいいたいことだけをいうと、おしまいの挨拶もそこそこにガチャリと受話器をおろしてしまうことに気がつきました。

このひとから電話がかかって来る度に、私はなんとなく味気ないような気持ちになってしまいます。そして逢ってみれば感じの良い美しいひとだのに、この電話のためにこのひとは情緒のないひとだという気持ちについなってしまうのです。

95 字は綺麗に書く

手紙

エチケットは充分に身につけているし、着るものもいつもきちんと趣味の良いものを着ているし、それに美しくて……という風に、本当に素晴らしいと思っていたひとから手紙をもらったら、その字が小学生のように下手で、いい加減な当て字がいっぱい使ってあったのでがっかりした……というようなことはないでしょうか？

もし一度も逢ったことのないひとからの手紙だったら、なにもかもそのひとのことはその手紙から想像するより仕方がありません。ですから美しい字で丁寧に書かれた手紙からは美しいひとを、汚い間違いだらけの手紙からは、だらしのないひとを想像してしまうのも無理もないことです。せっかくの素晴らしいひとがらがそのひとの書く字が汚いために損われてしまうのは本当に残念なことです。

「だけど私は生れつき字が下手なんですもの、仕方がないわ」などとあきらめてしまわないで、美しい字を書く練習をしましょう。それにはまず沢山字を書き馴れること。お友だちの手紙の中にでもこの字はいいと思うのがあったら明日とはいわずすぐその場で一生懸命真似をして書いてみること。これを何度も繰り返している中に、あなたの字はいかにも個性的なあじのある字になって来る事でしょう。お手本を広げて字の練習というとおっくうになってしまいますが、こんな方法だったら気軽に誰でも出来ることでしょう。

96 間違った字を書くひとの印象

手紙

字のことで気をつけたいことは、絶対に誤った字を書かないようにということです。せっかく美しい字で書かれているのに、「ぜひお合いしたいと思います」とか「御気元いかがですか」などと書いてあったのでは、その手紙をもらったひとは何かガッカリしてしまうものです。

会って話している時も少し位間違ったことをいっても、そのひとの感じが良かったりするとそんなに気にならないのに、手紙ではたった一字間違っていてもなんとなく気になって、不思議にいつまでも忘れられないものです。ちょっとあやしいナと自分で思う字だったら、面倒くさがらずに字引で一応たしかめてみるようにしたいものです。

また字を間違ったりうっかり変なことを書いてしまった時、新しく直せば一番いいことですが、一通の手紙を書くのに便箋を半分以上も使ったりすることはないでしょうか。それでは時間と紙の不経済です。そんな時、間違った所を真っ黒にぬりつぶしたり紙を貼ったりするのも感じの良いものではありません。間違った所にはスッスッと二本位線を引いて消すのが一番気持ちのいいものです。汚い字や間違った字を書いているのをみると、その人が素晴らしい人であればあるだけ残念なことですし、また良く知らないひとには「あんなにおしゃれする間に少しどうにかすればいい」と思われないとも限りません。

16

心のおしゃれ

まごころから生まれる奥深い美しさ。
心を磨くことで、
あなたの魅力はもっとも輝きを増すのです。

97 おしゃれはなごやかな心をつくる

私たちの心が、春風にのって「幸」をさがしている様なこの季節に、私たちの目にうつるものが、みな、あかじみていたりくたびれた姿であったとしたら、どんなに悲しいことでしょう。

私たちが自分に一番よく似合う、自分が一番美しく見える、形のよいドレスを着ることを考えたり、美しい色調を工夫したりする事は、他人をアッと云わせて、自分の美しさを見せびらかす様な気持ちではなく、あなた以外の人が、あなたを見て明るいなごやかな心になるために、と考えてみてください。

そして、あなたは自分の美しさを他人に見てもらう、という気持ちではなく、自分のみにくい姿を他人に見せたくないためだ、と考えてください。

98 心に恥じることは決してしない

大切なものは鍵をかけてしまうとか、外出の時や夜など戸を閉めるとかいうことは、もういま私たちの生活では当たり前のように思っていますが、人間には誰かを疑う心があるので、鍵等必要になってくるのではないでしょうか？世の中のひとが、皆んな正しくて、決して自分の心に恥じることをしなければ、疑うこともいらなくなってくる訳です。こんな、物がなくなるという程のことでなくても「この位のこと、誰だってしてるんですもの、私だって」と言ってちょっと嘘をついたり、ずるいことをしたりすることは、誰にもあることですが、結局世の中のひとが、皆、心に恥じながら、これ位のことなら……と思っては、つい恥ずかしいことをしてしまって、お互いに警戒したり用心したりしなければならなくなるのではないでしょうか？「心に恥じることは、私だけは決してしない」という気持ちをひとりひとりが持つということは、結局、悪い事をするひとが一人もいなくなることになり、それで世の中は本当に明るい美しいものになります。

99

美しい心は一日では生まれない

美しくありたいと思ったら、美しくなってからでもなおみがく事を忘れてはならないものです。毎日のあなたの生活は、美しい心のひとになるように心がける毎日に致しましょう。誰でも美しい心のひとにはなりたいものです。それはひとが喜ぶからというだけではなくて、あなた自身の幸福なのですから。

100 思い出を美しく培う

思い出

たのしい思い出を持っているひとは幸せなひと、かなしい思い出をもっているひとは淋しいひと、人間は思い出を持たないで暮らすことは出来ないのですから、その思い出をより美しく培ってゆきましょう。

101

日記をしたためる

思い出になるものはなんといってもまず日記だといえるでしょう。日記を一年間欠かさずつけているひとは珍しい位ですが、あまり名文を書こうとするから続かなくなるのです。その日あった、ほんのちょっとしたことの一行でも書いておいてごらんなさい。何年か後にその頁をひろげてみると、そのたった一行からあなたの思い出の糸は次々とたぐられて来るはずです。

日記

102 きものやドレスで思い出を残す

きもの

あなたは生まれてから、いままでに随分色々の着物やドレスを着たことでしょうが、いまはもう忘れてしまったものもあると思います。もし、それを記録しておくことが出来たら……。それはいまからでも遅くはありません。新しく作るものはその残布を、また古くて着られないものも、みんな二十センチ四角に切って、それがたまったらつなぎ合わせて布団を作るのです。いまから三十年もたったら、その美しい布団から少女の日が甦って来るでしょう。

103 嘘はつかない

嘘ということについて考えてみましょう。

嘘の中でも、ほほえましい嘘や、無邪気な嘘もあれば、どうしても許せない嘘もあります。嘘の種類を数えてみましょう。

自分をなるべくよく見せるための嘘・相手をビックリさせたいと思っていう嘘・話を面白くするためにつく嘘・自分をかばうためにつく嘘・自分のした悪いことを発見されないためにつく嘘・他人の幸福のためについてあげる嘘・相手の心を傷つけないためにいう嘘・相手の心を傷つけるために言う嘘・相手をおとし入れるためにいう嘘・自分の利欲のためにつく嘘。まだ他に色々あるかもしれません。

これを読む皆さんも、いままでについた嘘を一つ一つ考え出してごらんなさい。どれにも少しはあてはまる様な嘘をついたことがあるのではないでしょうか。

自分が悪いことをしておきながら、それをかくそうとしてつく嘘なら、同じ自分をよく見せたい嘘でも、二重に悪いことをした罪の重い嘘です。罪の軽い嘘とか、重い嘘とか言いましたが、嘘をつくということは、みんな悪いことなのです。たとえ相手の幸福のためについてあげる嘘でも、本当は嘘をつかないで幸福にしてあげることが出来る様に考えたいものです。だから私たちは嘘をつかない生活をするために一生懸命になりましょう。

嘘の中でも、自分をかばうために他人を傷つける様な嘘は一番悪い嘘ではないでしょうか。

104

軽いおしゃれを楽しむ

美しさ

ゼイタクな美しさでなく、神経のゆきとどいた美しさ。理智の眼が自分をよく見ている美しさ。そんな美しさを生み出していただきたいのです。

16 心のおしゃれ

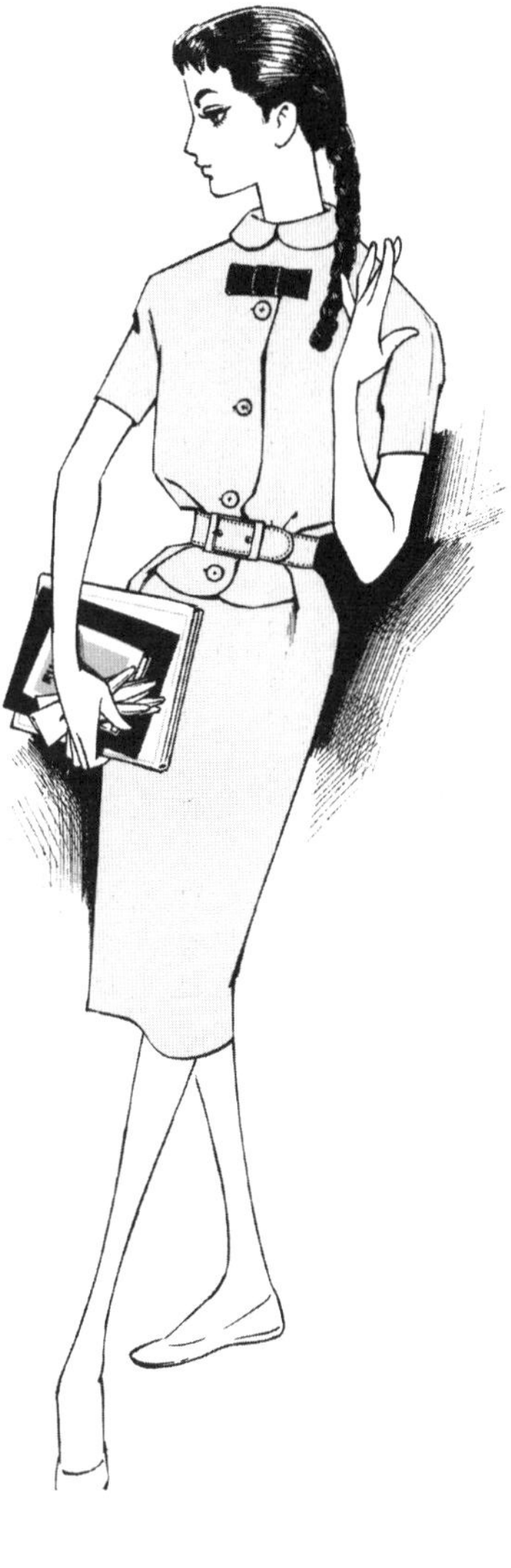

マナー

105 「ひとのため」を考える

聖書の中に、こんなたとえ話があります。

――あるひとが遠くへ旅に出ることになりました。そのひとは自分の三人の召使を呼び、一人には五タラント、一人には二タラント、一人には一タラントのお金を預けて旅立ってしまいました。

五タラントを預かった召使は、さっそくそのお金を元手にして、一生懸命に働きました。二タラントの召使も同じ様にそのお金を元手に働いたのです。一タラントを預かった召使は、庭の土を掘って、そのお金をかくしてしまいました。

しばらくして主人が帰って来た時に、第一の召使は「預かりました五タラントを元手に働いたら十タラントになりました」といって、その十タラントを主人の前に差し出しました。主人は大変喜んで「お前は本当に忠実な召使だ。それではその十タラントをそのままみんなお前にあげよう」といいました。

　二タラントを預かった召使も同じ様にその二タラントを元手に働いて、他に二タラントを儲けた事を言いました。主人は第一の召使の時と同じ様に喜んで「お前は本当に忠実な召使だ。その四タラントは、そのまま、みんなお前にあげよう」といいました。

　第三の一タラントを預かった召使は、最初と同じ一タラントを差出して「はい御主人様。お預かりしたお金はたしかにお返し致します。私はお預かりしたものを、もし無くする様な事があっては大変だと思って庭の土の中にかくしておきました」と言いました。主人は怒ってその一タラントを取りあげてしまい、第一と第二の召使に分けてやりました。

　この話をみなさんは、どんな風に考えるでしょうか。

　この、たとえ話の中の第一と第二の召使は、五のものを十にし、二のものを四にしたのだから主人が喜ぶのはあたりまえだけれど、第三の召使だって正直に、預かったものはちゃんと返したのだから悪いことはないはずだ、などと考えてはいけません。これは、そんなことを言おうとしているのではなくて、どんな頭の良いひとでも、頭の悪いひとでも、神様の前では同じことで、どんなひとでも自分の持っている力をいっぱいに出して努力しているのでなければいけない、ということなのです。これをあなた方少女の生活として考えてみましょう。

学校に行っていれば、学校は色々の学問を教えるところですから、頭がよくて、成績のよいひとが一番素晴らしいことになりますが、学校生活もすぎてしまえば、ただ成績がよかっただけでは何にもなりません。そんなことは、それから二、三年もたてば誰もが問題にしなくなるでしょう。

この、たとえ話の中の主人は、神様の様なもので、召使は、私たち人間で、タラントはお金ではなくて、智恵とか、才能の様なものです。

人間が頭がよいか悪いか、才能があるかどうか、という様なことは、生まれた時に持っていたものです。一の智恵も、五の智恵も、二の才能も、神様には同じ様に愛されているのです。

頭の良いひとも悪いひとも、美しいひとも、あまり美しくないひとも、それはそのひとがどうすることも出来ないかもしれません。

しかし、誰でも、どんなひとでも、自分の持っているものをよく考えて、それを、ひとのために、世の中のために、どうすれば一番いいのか、ということを、一生懸命に考えて、実行するひとが一番素晴らしいひとです。

106

人を訪ねるときのマナー

エチケット

あなたが一人で退屈している時など、ひょっこり懐しいお友だちが訪ねて来たら、どんなに楽しいでしょう。人を訪ねたり、訪ねられたりすることは、丁度お手紙を出したりもらったりするのと同じ様に、私たちの生活の中の楽しいことの一つです。用のある時だけでなく、一寸思いついたり、懐しくなったりした時は、人をお訪ねしましょう。また、訪ねられた時は、喜んでお迎え致しましょう。しかし、もしその時に、不注意な振舞が、その楽しいはずの訪問を不快にし、かえって後味の悪いものになったりする結果になることは、よく考えなければいけません。お訪ねする方も、訪ねられる方も、エチケットを忘れぬ様に。エチケットは私たちの言語動作をキュウクツにするものでなくて、私たちが本当に楽しく暮らすために、忘れてはならないことなのです。

訪ねてゆくときは、前もって何かの方法でお知らせしてから、訪ねることにしましょう。せっかく遠路お訪ねしても、生憎留守であってはつまらないし、また、向こうで丁度、ほかのお客様が見えていたりして、色々都合の悪い様な時、お玄関で帰るわけにもゆかなく、まごまごしたりして、大変困まることなどもよくあることです。でも、とても親しいお友だちなら、思いがけなくひょっこり訪ねてくれる方が、余計嬉しく思えるかもしれないでしょうし、もし、お留守であった時には、家に帰ってから、メンメンたる恨みのお手紙をお送りするのも、かえって面白いかもしれませんね。

107

音楽会場のマナー

音楽の世界にひたっていたいと思ったときに、それを邪魔するような行為をする人があったら、どんなに不愉快でしょう。皆がこころよく暮らすためにはあなたが一寸気をつけねばならないことがあるように、音楽会場でも同じような心づかいが必要なのです。

音楽会のマナー

108 音楽会へ出かけるときの服装は清潔に……

外国では、音楽の美しい雰囲気が舞台場ではなく客席や廊下にまでただようようにするために、音楽会には素晴らしいドレスを着ることになっています。

私たちは、そんな真似をする必要はありませんが、永い間歩いてホコリをかぶったような靴や、アイロンのかかっててないよれよれの服のままでは、あなた自身が不愉快なだけではなく、せっかく美しい音楽を聞きに行っている廻りにいる人々の気持も悲しくなってしまいます。立派な衣裳でなくても、清潔なもので、あなたの持っている服の中では、少し華やかなものを選ぶようにしてください。

109 開演の時間は必ず守りましょう

最初幕が上がったとき、客席がまばらであったとしたら舞台に立つ人はどんなにがっかりするでしょう。また舞台に立つ人は最初から終わりまでみんな聞いてもらいたいと思って一生懸命になっているのですから、途中から聞いて最初の方を聞いてくれる人が少なかったらどんなに悲しいでしょう。聞きに行くときは舞台に立つひとの気持ちになって、時間には必ず間に合うようにいたしましょう。

110 もし演奏におくれたとき

音楽会のマナー

やっとかけつけても、もしおくれた時には演奏中に通路を歩いたり空いている席をさがしたりしたのでは、聞いている人々の迷惑になりますし、客席の人々の気持ちを乱すことは、舞台に立っているひとにも大変失礼なことになります。そんなときには、その一曲が終わるまで、客席の一番後ろに立って待っていることを忘れないでください。そして次の曲がはじまるまでに、席につくようにしてください。

111 一曲が終わるたびに、拍手をする

一曲が終わるたびに、出来るだけの拍手をおくりましょう。素晴らしいと思ったときにはもっともっと拍手を送りましょう。皆がたたかないからといって、客席の皆がしたくてもしなかったら、ついに客席からは拍手が一つも聞こえない訳ですから、あなただけは必ず拍手を忘れないでください。外国では、たとえどんなにまずくっても、舞台へ立つ人への礼儀として、必ず手を拍くことを忘れないそうです。本当によいと思った時には、一層心をこめて拍手をしてあげてください。

16 心のおしゃれ

112

おしゃれの場所を考える

TPO

美しくなりたい――ということは、街を歩いていてみんなに「美人だナ」と振り返ってもらうためではなくて、自分の心のためにこそ、あるものです。

自分は「美しいんだ」と思うのは楽しい心になることであり、いつもたのしい心であれば、いきいきとして明るい美しさにあふれるばかりではなく、自信がもてるということは、その態度にもいじけたところがなくて、結局その人は「美しいナ」とひとの心に残るものなのです。

ところでどんなに美しいものを身につけていても、それが場違いのところで着ているのでは、やはり本当に美しいと感じないばかりか、こっけいに見えることさえあるのだから、これはよくよく気をつけなければならないもの。

つまりPTAの席では母親らしい美しさが一番であり、華やかな集まりのふりそでやカクテルドレスの中では、たとえどんなに素敵な新調のものでもふだん着っぽい街着はみじめでしょう。またその逆に、街の中ではおよばれの服をヒラヒラさせているのはこっけいに見えるばかりか、あさましくさえ見えるものだし、働いている時にはやはりかいがいしい感じがなにより美しいのです。職場でも仕事に一番ふさわしいものを着ているのが一番美しいというわけ。

113

ひとの話はよく聞く

会話

よく他のひとのお話を途中から取ってしまうひとがありますね。例えばお友だちが〝昨日、Aさんのお宅へ伺ったのよ。でも途中で道に迷っちゃって、お宅へ着いたら……〟といっているのに〝アラ、私もね、いつかおばさまのお家に行った時に迷っちゃったのよ。一時間位テクテク歩きまわってどうしても分からなくって困ってたら、とても綺麗な人が来てね〟などとおしゃべりし始めるのです。少女の時はお互いに遠慮がないので〝まあ、私がお話しているのにいやあねえ、私は道に迷ったこと言ってるんじゃないのよ。その先のこと言おうとしたのに……〟〝ア、ゴメンナサイ、ナアニ？〟ですみますが、大人同士は決してそうは言わず、心の中で〝私がお話してるのに〟と不愉快になるものです。少女のころ、こういう風に、途中でお話をとるくせをつけていると、だんだんいやなおしゃべりになって、他のひとからきらわれたり軽蔑されたりします。ひとのお話は最後までよく聞きましょう。

114

「時」を無駄なく使う

どんどんすぎていって二度と帰って来ない一刻一刻は、本当に大切なものだと思いませんか？

時間を無駄にしないということを間違えて考えているひとはいないでしょうか？　時間を無駄にしないということは、朝から晩まで、コマネズミの様に働きづめに働くということでありません。

無駄な時間の例は、仲々ひきにくいのですが、こういうことを考えてみたら分かってくるのではないでしょうか？――美しい洋服を着ることは、自分自身の生活を楽しくしますし、また他のひとたちも楽しくさせます。が、美しく装いたいために、必要以上に洋服を沢山持つというのは、無駄なことです。――こういうことから、睡眠時間というものを考えてみましょう。今日は日曜日だから、うんと寝ようなどといって、お昼まで寝たり、また一日中寝たりするのは、体質が非常に弱いとか、大変疲れていて、そうしなければ月曜日にふつうに出来ないというのなら別ですが、疲労回復になる以上にもっと寝るというのでは、無駄に時間を費やしてしまったことになります。また皆で楽しくすごしたひとときが、快い思い出になったり、よりよい明日を迎えるための糧となるのだったらいいのですが、後味が悪かったりしたのでは、その時間は、無駄に使ってしまったと言えるでしょう。

〝時は金なり〟という西洋の格言を御存知でしょう。

「時」は、はっきりと目立たないから気がつかないでいるけれど、お金と同じに大切なものだという事です。けれど、もしお金をなくしたり、無駄使いしてしまったのならば、何かの方法で取り返す事も出来ますが、失なった「時」は、もう二度と取り返すことは出来ないのです。

この一年間、あなたは「時」を無駄なく使ったでしょうか？　二度と帰らない一刻々々の「時」を、今日、いまから、そして新しい次の一年間、無駄なく使うように努力いたしましょう。

115 毎日生活の中で自然に愉しさを見出す

少しの工夫

芝居や映画を見たり、銀座をぶらぶらして買い物をしたり、ダンスをしたり、新しいドレスを着た時でなければ愉しさが感じられないというひとがあったら、それは不幸なひとです。

なぜなら、人間は毎日そんなことばかりしている訳にはゆかないのですから。そんな特別な遊びの様なことをしなければ愉しくなれないとしたら、愉しくない時間をずいぶんたくさんもたなければならない事になってしまいます。

誰もがそれぞれもっている仕事、その仕事の中に、また、毎日の生活のその中で最も自然に愉しさを見出すことが出来たら、どんなに幸せなことだろう。

毎朝部屋の掃除のたびに、どうしたらもっとこの部屋が愉しく、美しくなるだろうか、と考えては、少しずつでも工夫してみたり、時々はすっかり模様変

えをしてみる。

また、部屋のカーテンを最初に淡い色を選んでおいて、色があせるとそれより少し濃い色に染め直し、またその色があせたら、めんどうがらずにもっと濃い色を選んで染めてみる。そしてそのカーテンの色が新しくなる度に部屋の雰囲気が新たになるその愉しさを知ってごらんなさい。

着古したドレスももう着られないものとあきらめてしまわないで、手まめにといてはそれで何が出来るかよく考えてみる。

街に出た時に古本屋でででも見つけた本を、毎日、仕事と仕事の合間にほんの一行でも読む様にして、一冊ずつ読み上げてゆく愉しさ。

美しくあることはあなたの誇りです

美しくあることに、決して臆する事はありません。それはあなたの誇りです。〝美しい〟という言葉を作った、私たちの先祖はこれを悪い意味に用いた事はありませんでした。それは〝心のまこと〟という意味です。美しい心……美しい友情……。そして、美しい服装とは、決して着飾る事でもなく、華やかな色彩をいうのでもありません。また沢山なお金をかけてのみ、出来るものでもありません。

それは、ほどよい調和の中に、あなた自身を生かすことです。言葉を換えれば、あなたらしくあることです。

編集にあたり、一部、旧仮名遣いを現代仮名遣いに変更いたしました。

おしゃれの手引き 115

2019年5月15日　初版第一刷発行

著者　中原淳一
監修　株式会社ひまわりや
発行者　笹田大治
発行所　株式会社興陽館
郵便番号113-0024 東京都文京区西片1-17-8 KSビル
電話03-5840-7820　FAX 03-5840-7954
URL http://www.koyokan.co.jp

ブックデザイン　鈴木成一デザイン室
校正　結城靖博
編集協力　中原利加子
編集協力　宇津木聡史
編集補助　島袋多香子+中井裕子
編集人　本田道生
印刷　KOYOKAN, INC.
製本　ナショナル製本協同組合

URL http://www.junichi-nakahara.com/himawari
2019 Printed in Japan　ISBN978-4-87723-239-9 C0095